银幕外的声影

许朋乐 著

2018 · 北京
中国电影出版社

序言

缘起电影，我与许朋乐相识、相交、相知。他在“上影”，我在“西影”，一东一西却都为电影忙得不亦乐乎。二十余载转瞬即逝，我们先后都淡出了被人羡慕的电影圈。近日接到电话，让我有点惊讶，朋乐说他要出本书，一本他自己多年积累的访谈录，我想起他做过《上影画报》的总编辑，他一定有许多关于电影人的故事，于是我要来了这部叫《银幕外的声影》书稿。

读了这本以人物小传汇集而成的书稿，我非常感动，每一篇都是朋乐熟知、了解的事。着笔朴实无华，情感浓郁真切，娓娓道来，文虽不长，洗练精到。

书中所述的每一位电影前辈，他们共同的特点就是对电影的挚爱，无论身处顺境逆境，还是面对国事家事，始终把做人放在首位，把拍出好的影片作为追求的目标。老一辈电影人为中国电影的奋斗之举，应该被记录下来，作为电影的记忆连绵流长。

时下常讲“不忘初心”，中国电影的初心是老一辈电影人用心血铸就的，后辈应该从流逝的岁月中去感悟并承继。书中许多艺术家已离我们而去，但他们对于电影的爱将长存于世。

我真诚希望电影人和关心电影的人们能够读到此书。

張丕民

2017年11月29日

目　录

白沉，久念大名！

白沉先生是我最尊敬的电影导演之一。二十五年前，我撰写的一篇《白沉，久仰大名！》的专访，使我俩成了忘年交。

我和白沉先生有过无数次的交谈，每一次交谈都让我更深入地走进他的生命之中。白沉的一生饱经风霜、历尽磨难，是我所熟悉的老一辈电影导演中吃苦最多的一位。他为人正直坦诚、性格率真刚烈，瘦小的躯体中蕴含着刚正不阿的侠义和疾恶如仇的血性。这位出身书香门第，自幼浸淫于封建礼节教义之中的知识分子，生命的重要标记却是反叛和抗争。

他告诉我，如果不是抗日战争爆发，也许他不会从事文艺工作；他告诉我，如果不是迷上了舞台和银幕，也许他会成为一个有相当级别的领导干部，因为他1939年就加入了新四军，被他领进革命队伍的弟弟“文革”前就担任无锡市市长；他告诉我，如果不是1957年被打成“右派”被遣送至安徽白茅岭农场，正值黄金年华的他会创造出更多像《南岛风云》一样优秀的影片；他还告诉我，如果没有经历这么多坎坷，在绝望和痛苦中反反复复思考社会和人生，他拍不出《大桥下面》《秋天里的春天》这样闪烁人生哲理、人性光环和生命火花的影片……

他的人生跌宕起伏、坎坷曲折，生活亏待了他，又馈赠了他，成全了他。他无法选择自己的家庭和出身，但是他可以选择脚下的路，哪怕路上有泥淖有荆棘。

他的经历令我折服、惊叹，甚至震撼。在民族存亡之际，为了不做亡国奴，他奋起抗争，被日本人投进了监狱；在国家命运转折之时，为了反饥饿反内战，他大声疾呼，被国民党宪兵抓进了牢房；在新中国经济建设快速发展的重要时期，为了表真情献诤言，他袒露胸怀，直言不讳，被戴上“右派”帽子押进劳改农场。也许，如果他放弃选择，远离艺术，任凭命运的安排，他人生的轨迹会随之发生变化，但不变的性格终究还会决定他的命运。

每次和他聊天，提起他蒙受的冤屈、遭遇的苦难，他的言语总是那么缓缓的、淡淡的，似乎是在讲别人的故事。十年动乱期间，他作为“落水狗”，自然被列为“痛打”对象，他又是资历丰富的大艺术家，难逃重点批斗的厄运。大会小会连轴转，天天不是批斗就是陪斗。开始他受不了，精神和肉体承受着惨烈的鞭笞，刚直的性格不止一次地促使他与这种难以忍受的屈辱决裂。他的爱人、电影演员王薇担心他真的想不开寻短见，晚上睡觉时把自己的一只手和白沉的一只手紧紧扣在一起。然而，经受了一场场批斗以后，在亲情的呵护下，他从煎熬中升华，在连绵不断的狂风恶浪中超越自我，竟然能在震耳欲聋的“枪毙白沉！”“白沉不投降，就叫他灭亡”的口号声中，颈部悬挂着沉重的批斗牌，躬腰站在台上而静静地沉入自己的世界。讲到这里，他的嘴角会漾起一丝苦涩又带有轻蔑和自嘲的笑。

他是战胜命运的强者。苦难没有扼杀白沉对电影的挚爱，也没有抹去他创作的激情。艺术让他总是那么干练那么狂放那么精力充沛。在文艺的春天重新赋予他创作机会后，他的才思和激情如泉喷涌。他拍摄《大桥下面》和《秋天里的春天》时，我们曾经有过多次交谈。每次，他都异常亢奋，滔滔不绝，手舞足蹈，说到动情时立马潸然泪下。有一次，我去看他，正在为《秋天里的春天》分镜头的白沉，竟然趴在桌子上号啕大哭。他含着热泪告诉我，他从女主角的身上看到了深受封建礼教摧残的母亲的影子，完全进入了“角色即我”的境地而不能自拔。他把自己的心血注进了角色的生命中。

一个不会沉沦的生命终将开出明艳的花朵，年逾花甲的白沉以荣获广电部优秀影片奖为自己的艺术生涯画上了圆满的句号。

如今，白沉离我们而去已经多年，我依然景仰他，怀念他。白沉，久念大名！

2010年3月

承诺是金

沈浮是电影界的前辈，也是电影圈内公认的最有人品和人格魅力的导演之一。

这位自学成才、凭借勤奋和执着闯入艺术殿堂而成为一代名导演的天津人，质朴、热情、豁达、善良。他宽厚待人、严于律己，对同事朋友下属掏心掏肺，有求必应，对家人亲属则铁板钉钉，说一不二。他是大导演，又担任上海海燕电影制片厂厂长多年，但凡是和他一起工作过的人，不分男女不问老少，没有谁挨他训遭他骂，相反，谁有困难找到他，他一定鼎力相助。电影导演鲁韧，当年单枪匹马闯荡上海滩，人生地疏，孤立无援，只得以老乡的身份投靠沈浮。沈老古道热肠倾力相助，视其为手足，生活上照顾他，事业上扶持他，帮他渡过难关，助其成为导演。20世纪80年代，上影一批中青年导演开始担纲拍摄影片，已入耄耋之年的沈老不仅亲自带着天然、宋崇等人跋山涉水拍摄《曙光》，而且还为赵焕章、于本正等人仔细推敲修改分镜头剧本，甚至生病住院躺在病床上都认真研读剧本，写上密密麻麻的意见。他就是这么一位人人敬重、个个赞赏的热心肠的大好人。

沈浮是一个视信誉为生命的北方汉子，他很倔，只要做出承诺的事，哪怕自己吃亏挨累甚至蒙受委屈也绝不反悔。他的倔就是不轻易地迁就自己，更不会违背诺言。20世纪60年代初，我国遭遇连续自然灾害而步入困难时期。为了渡过难关，政府号召机关、企、事业单位精简机构，压缩人员，作为海燕电影制片厂厂长的沈浮深感自己有责任为国家分忧解难，有义务为干部群众当好表率，他坚定表示要动员时任上影演员剧团演员的妻子高依云离职回家。对老伴的决定，高依云自然有很多想法，也很痛苦，她哭过闹过抗争过，但在一旦做出承诺就义无反顾决不回头的沈老面前，一切都显得苍白无力。特别是沈老常挂在嘴边的那句话："共产党给了我那么高的工资，我一辈子保证你不愁吃不缺穿。"让她无言以答。为了成全丈夫，她屈从了，无奈地离开了她钟爱的电影厂和痴迷的演艺事业。令人感到意外的是，虽然沈老真心实意地带了头，可最终被精简回乡或回家的人寥寥无几，干部家属就高依云一人！对此，沈浮无怨无悔，坦然处之。

40岁刚出头的高依云远离群体，过着清闲但十分单调枯燥的家庭主妇的生活，个中滋味谁人知晓?二十多年后，我因采访沈浮而与她相识，她和我谈起这段让她一辈子都如鲠在喉的往事时，表情十分痛苦，眼睛里闪着泪花。让我不太明白的是，在悄悄告诉我她的这段经历后，她反复叮嘱我"千万别在老沈面前提这件事！"不久，我又去了沈老的家，在谈完正事后，我去高阿姨的房间看望正病着的她。她一见我显得特别兴奋，原来，她从邻居那里听说，60年代被精简的国有企、事业单位的职工可以向政府或单位申请补办养老金和公费医疗，她拜托我打听一下这方面的政策和办理的程序。我欣然应诺。她叮嘱我的还是那句话："千万别在老沈面前提这件事。"几天后，我匆匆来到沈老家，想把打听到的情况告诉高阿姨，一进门先看到沈浮，在和沈老的交谈中，我忘了高阿姨的提醒，毫无心理防备地告诉他，政府确实出台了政策，像高阿姨这样当年被精简下放的正式职工可以申请领取一定的养老金。谁料，话没讲完，他脸色骤变，忙不迭起身，拄着拐棍气咻咻地走到高阿姨房间门口，冲着高阿姨大声嚷嚷：“只要我活着一天就不许你提什么退休养老的事！这些年，我缺你吃少你穿啦？我的钱谁给的，是共产党给的！”高阿姨没吭声，也许她太了解和熟悉自己丈夫的脾气和为人了；可我，一阵慌乱满腹内疚，喃喃地不知说什么好。事后，背着沈老，我和高阿姨悄悄地聊起了这件事。高阿姨没有丝毫的责怪和埋怨，只是告诉我老头子一辈子就是这脾气，承诺的事必须做到，不能反悔。为了说明这一点，她还提起这么一件往事：早年，沈浮在上海闯荡，自学成才，当了导演。远在家乡的弟弟挺羡慕的，也急切地希望来上海跟着哥哥学点手艺。沈浮没同意，他要求弟弟留在父母身边照应老人，并承诺每月给他寄二十块大洋作为补贴。从此，他每月寄二十块钱，坚持了数十年。尽管中华人民共和国成立后他弟弟的日子过得不错，而沈老家人多手头不宽绰，弟弟请求他不要再寄钱了，但沈老依然故我，每月二十元，雷打不动。我听着，听着，眼睛湿润了……

沈老对别人宽宏大量，对自己却严格要求，不愿意麻烦组织，不喜欢打扰别人。有一年夏天，我去他家，正巧他去医院看病回来，来回都是坐公共汽车，又热又累，满头大汗。我心里很不是滋味，一个耄耋老人，一个高级知识分子，一个电影厂厂长，无论凭资格还是讲职级，他都可以让厂里派车接送他就医。可沈老是这么回答我的：看病是我自己的事，我家离中山医院那么近，家门口就有公共汽车站，干吗还要麻烦厂里派车。我无语凝噎，心里被感动和敬佩塞得满满的。

这些故事，今天听来似乎非常遥远，甚至有人会怀疑它的真实性。但它确确实实发生过。它树起了老艺术家的风范，成了一个时代的印记。

2009年5月

难忘“情报处长”

人割舍不掉怀旧情结，一部十三年前问世的《泰坦尼克号》被3D技术包装后，依然受到观众的热捧，就是例证。我想，牵动人们记忆的许多经典名作，之所以能经年不衰，给观众带来不灭的期待和长久的回味，常常得益于演员精湛的演技和逼真的形象塑造。

五十多年前，一部《渡江侦察记》曾让我们大开眼界，兴奋不已。随着岁月的流逝，许多事都淡忘了，可这部影片被清晰地储存在记忆深处，尤其是陈述演的情报处长能让我一闭眼似乎就触摸到：骄横、阴鸷、精明，一身戎装盛气凌人，一副白手套干净利索，微微昂起的头，细长而暴着青筋的脖颈，玻璃镜片下闪烁不定的三角眼，微微扬起的嘴角，阴晴瞬变的面容，以及从牙齿缝里挤出来的抑扬顿挫的几句台词，一招一式、一言一语，入木三分，惟妙惟肖，任何文字的描述都会显得十分苍白。五十多年来，从影院到屏幕，从录像带到VCD，我将这部影片看了N遍，每看一遍总能找到兴奋点，从没有厌倦。

这样的情结，在我认识陈述老师后，就越发浓烈。因为我触及到陈述老师非同一般的文化品位和艺术功底，还有他的聪明和勤奋。爱屋及乌，对《渡江侦察记》更情有独钟了。想不到作为知名艺术家，陈述是“半路出家”的。他从普通的邮电职工起步，走上舞台，跨入银幕，靠着对艺术的痴迷、与生俱来的灵气和丰富的生活积累，一步一步走向自己的艺术巅峰——享誉中国影坛的最著名的“坏蛋”之一。这些成就的取得当然得益于他独特的形体和相貌。他不魁梧，但健硕，他不英俊，但棱角分明，他没有从戎的经历，但他善于观察，精于揣摩，老到于捕捉，他缺少军旅生活的经历，但他练就了军人的气魄和体质，两个字：精干、睿智。陈述是体育迷，各项运动都有涉足，打球、游泳、单杠，更是他一生的爱好，即便过了古稀之年，他照样在双杠上竖蜻蜓，在单杠上绕大旋转。他喜欢和年轻人掰手腕，以显示他永不退化的肌肉和臂力。陈述的多才多艺，在电影界也是个“范”。他会画画，爱唱歌，一曲西洋味的咏叹调，有腔有调，不亚于专业歌手。至于书法，他堪称行家高手，一手正楷，笔力遒劲，技法娴熟，在电影界有口皆碑。这些才艺充分展现了陈述先生深厚的艺术素养，也彰显了他勤奋好学的禀性，他表演的日臻完善完全发轫于这样的坚实基础。他曾经说过，反面角色也是正常的人，也有七情六欲，也有技艺特长，也可以风度翩翩；因此这样的角色同样要下功夫塑造，不能简单化、脸谱化，要从他的心灵轨迹和性格特征去演绎，去挖掘。“情报处长”就是这么来的。

令人心痛和遗憾的是这位一辈子都很挺括帅气的“情报处长”，年逾八旬后突然中风，坐在了轮椅上。对争强好胜的陈述来说，生活不能自理是件多么痛苦的事。而且他虽然是名人，但因为早在1980年就退休了，没有赶上评职称，享受不到“高知”的医疗待遇，别说是他和他的家人心存块垒，我们心里也不是滋味。上影给了他一定的经济资助，但很难从根本上改变他的境遇。好在家人始终陪伴着他，给了他精神上的极大慰藉。

陈述老师是一位热情而不乏幽默的人。他住在湖南路口一幢大楼的六层，没有电梯，门口也没安装遥控的智能锁，一旦客人来访，从六楼下到一楼开门可是件费劲耗力的活。我第一次去，担心年迈的陈述亲自下楼开门，便未按门铃惊扰他，独自站在门口等待有人开门时进去。上楼见面后，他对我的这一举动报以哈哈一笑，随手从桌子上拿出一副挂着钥匙的小降落伞，在我面前晃了几下，“我们家开门不用下楼，完全自动化，门铃一响，我探头朝下一看，只要是熟人朋友，我就丢下这只降落伞。客人接到后就能开门而入。”说完，狡黠一笑投来一瞥得意的目光。以后很多次，我就是用这把空中飘落而下的“降落伞钥匙”，和“情报处长”“秘密交换情报”，相谈甚欢。

陈述老师带着些许遗憾离开了他热爱的电影和热爱他的观众，那把拴着钥匙的小降落伞也不知还有没有。可是陈述老师的银幕形象永存，那位被定格在我们记忆屏幕上的“情报处长”依然是栩栩如生，活灵活现，成为我们难以忘怀的经典。

2010年10月

画笔中的“视觉艺术家”

我有一件藏青色的短粗呢大衣，每到冬天我一穿上它就立马想起画家陈逸飞；因为那张布质的“YI-FEI”牌的标签紧紧地被藏在衣领后。

睹物思人，一点不假，尽管逸飞先生离我们而去已经十多年了，但这件以他的名字做品牌的大衣总会勾起我对他的思念。

知道陈逸飞的大名是从《家乡的回忆——双桥》开始的。那年，美国哈默博士亲手将这幅江南水乡的画送给小平同志，同时也把它的作者陈逸飞的大名带回了他的故乡，瞬间，这位从上海走出去的年轻画家成了街谈巷议的名人，他富有传奇色彩的艺术经历令我感叹钦佩。真正认识逸飞先生是筹办第一届上海国际电影节时，逸飞先生带来了他的电影处女作《海上旧梦》。这部自传体的艺术纪录片因为画家独特的视角和大胆的色彩运用而呈现出一种挑战传统的突破，那些鲜艳而隽永的画面别有意味地展示了老上海的繁华与沧桑，给我留下了眼睛一亮、回味无穷的感觉。那时的逸飞风度潇洒、举止沉稳、言谈儒雅、思维睿智、为人谦恭，言谈举止都透溢出过人的素养。我从他那儒雅的言辞中感受到他对电影的情有独钟，预感到他会用摄影机替代画笔，去描绘更长更丰富的画卷。果然，不久他出任故事片《人约黄昏》的导演。这部充斥浓郁老上海风情的影片，是由著名香港电影人吴思远先生和上影合拍的，主演是大名鼎鼎的梁家辉。《人约黄昏》在镜头和画面的处理上承继了《海上旧梦》的风格，唯美精致，那些场景和氛围浸淫在老上海的灵魂中，尤其是那条花了30万元人民币在南市重新修建的蛋格路在影片中简直成了老上海的血脉。影片能达到这样的艺术效果，“老上海”吴思远功不可没，90年代，能舍得花那么大的成本去筑一条马路的电影投资人，除了吴先生恐怕不会有第二个人。我想，吴先生之所以会如此慷慨，除了影片自身的需要外，他骨子里的上海情结自然不可忽略。

《人约黄昏》的成功让逸飞坚定了自己要走的路，他成立了自己的公司，拉开架势，开始实现他的“视觉艺术家”和“文化实业家”的双重梦想，建构他的

“陈氏帝国”。陈先生是个富有浪漫情怀的人，他描摹自己的人生也是用“五彩画笔”。他成立模特儿经纪公司，创办《青年视觉》杂志，他进军服装业，创立“逸飞”品牌，还在新天地开了时尚商场……他成了商人，但文化艺术这几个字依然牢牢攫住了他，拍电影还是他的最爱。于是，《逃亡上海》这部走进当年在上海避难的一群犹太人心灵深处的影片问世了，影片真实细腻，不仅触摸了那段历史，而且拨动了无数观众的怀旧情感。怀旧是逸飞先生创作的底色，他的怀旧的情感脉络在《理发师》这部影片中得到延续和升华。这部影片制作规模大、拍摄难点多，他自感压力大。他找到我，希望得到上影的支持，以上影的创作人员为主体，我一口允诺。然而，书生气十足的他不知听了哪位高人的指点，组织了一个庞大的由各路人马参与的“杂牌军”。为此，他觉得不好向我交代，特地在红子鸡酒家宴请了我。我当然尊重他，只是提醒他，人员杂，矛盾多，不便管理，他会很累。他笑笑，儒雅地回答我：“一只碗不响，两只碗叮当”，那意思是“我不理他”。我心想，不理，可能吗？一只碗砸向另一只碗，能不碎吗？

天真的想法难以驾驭残酷的现实，就是在各种纷至沓来的矛盾中，逸飞先生艰难地前行着。作为导演，他为影片的艺术质量殚精竭虑，作为制片人，他还得为上百号人的吃喝拉撒操心费神，最让他烦心的是复杂的人际关系所带来的纷争，纠结，心力交瘁给身体造成巨大伤害 ，终于，还没到终点，他趴下了，再也没有起来。那是2005年，逸飞先生刚59岁。而最终代替他完成《理发师》摄制的，是吴思远——他的挚友。

逸飞先生英年早逝，实在是太可惜了，他一身的才华和造诣，却因生命短暂而再也无法施展。我为其伤心落泪。他生前多次说过要送我一幅画，可是因为忙始终没有兑现。如今，他的形象成了一幅画，一幅不会褪色的画，永远地映现在我的脑海中。

2010年4月

多才多艺的银幕反角

我们这代与共和国一起成长的群体，自幼就爱憎分明，看完电影最爱议论谁是好人，谁是坏蛋，好人好在哪里，坏人坏在何处，一清二白、楚汉分明。记得看过《鸡毛信》后，海娃自然是我们崇拜的小英雄，而“歪嘴”则是令人咬牙切齿的反革命，他不仅阴险毒辣、刁蛮奸猾，而且长相也“丑得出众”，尖嘴猴腮，歪牙咧嘴，一副坏透的样子。看了几遍，程之这个被叫作“绳子”的名字自然就留在了记忆中。稍大一点，去影院看好莱坞经典名片《王子复仇记》《孤星血泪》《牛虻》时，突然发现“程之”的大名赫然列在主要配音演员之中；我们不相信也不愿意相信从克劳蒂斯等人物流泻出的音色浑厚、音质华丽、富有磁性的声音，竟然出自那个让人憎恶的“歪嘴”口中。这些幼稚单纯的想法自然随着阅历和年龄的增长渐渐被丢在了记忆的深处。尤其是在我认识程之老师后，我深感“人不可貌相”的真谛所在。他演的是“丑角”，扮的是坏蛋，但他绝对是个有文化的文化人、懂艺术的艺术家，而且长相很“坏”的他，心灵美、脾气温、言谈儒、举止雅，是位深受同侪称赞、富有文化底蕴的好演员，也是造诣深厚、值得后生信赖和敬重的老师、前辈。

程之老师会演戏，这是圈内公认的。遗憾的是因为“先天不足”，在人物“脸谱化”、追求高大全的那个年代，即便他浑身是戏，也只能与“反派”“配角”结缘。从影五十年，他演了近百个角色，几乎是“清一色”的坏蛋，但他的表演绝不是同一副表情，同一个腔调，同一只模子里压出来的，个个都“坏得”独有色彩，既有时代特征，又有个性特点，一个是一个，真正是人各有貌。他演过流氓、特务、汉奸、警察、土匪、恶霸……或凶神恶煞，或皮里阳秋，一眨眼一皱眉一撇嘴，就能传递出内心的险恶和性格的刁钻，活灵活现，让人恨得咬牙。正因为戏好，导演们一遇到这样的角色，总会想到他，他也总是怀着真情真心去揣摩去演绎，出戏出彩，让你拍案叫绝。

程之老师擅配音，这也是圈内公认的。也许是自幼受京剧艺术的熏陶和濡染，程之老师驾驭语言的能力特别强，他一口纯正的京腔，字字饱满而富有韵味，让人感觉到他来自皇城根下，他说的苏州话，又软又绵，令人怀疑他生在姑苏城里，至于上海话，那是地地道道的老派的韵味。他的宁波话、四川话和湖南话同样不露半点破绽，有腔有调，绘声绘色。程之老师的音色和音质都很美，加上他懂戏，会琢磨人物的情感色彩和性格特征，他不仅在《奥赛罗》《三剑客》等许多译制片里留下精彩的表演，而且还用声音为《济公斗蟋蟀》《茅山道士》《三只狼》等国产动画片增色不少。

程之老师多才多艺，是圈内少见的。他受父亲的影响，对国粹京剧情有独钟、痴迷一生，他六岁就掌握了拉京胡的娴熟技巧，八岁登台唱戏，十一岁就灌了唱片，其造诣胜过一些专业演员。程之老师的相声表演也完全达到专业水平，他不仅能说还会编，熟悉相声艺术的门道，善于从生活中挖掘和捕捉笑料。他的相声作品，鲜活、质朴，不摆硬噱头，不耍小聪明，给人亲切感、认同感，让人笑得真诚，笑得舒畅。1985年，我曾和他一起出访新加坡，他精湛的相声表演引起轰动，许多人还以为他就是说相声的。程之老师还擅长画画，他的素描速写很见功力。他还能在电视台电台主持节目，他主持的《上海滩》栏目给观众留下了很深的印象，至于给小朋友说故事，更是驾轻就熟，说起来神情毕肖，小听众则津津乐道。

程之老师情牵舞台，心系银幕，他一生想着观众，为着观众，认认真真演戏，清清白白做人，直至生命的最后一刻。1995年的元宵节，程之老师应邀参加上海政协举办的联欢会，在他奉献精彩表演后，突发心肌梗死，猝然倒在了魂牵梦萦的舞台上。他为自己的人生画上了极其完美的句号，也为银幕"反角"留下了不朽的榜样。

2013年2月

难忘“袖珍小生”顾也鲁

2010年12月23日是著名电影表演艺术家顾也鲁先生逝世一周年祭日，无法拂去的思念，让我的眼前又浮现出与他的最后一面。

那是前年深秋的一天，天色阴沉沉的，萧瑟的秋风裹挟着阵阵凉意，斑驳枯黄的落叶打着卷儿发出沙沙的呻吟声，我步履沉重地走进了龙华医院，去面对病危中的一位我所熟悉并敬重的老艺术家。

左拐右弯，走过一段嘈杂的走廊，在一间略显凌乱的普通病房里，我见到了也鲁先生。瘦小羸弱的他蜷缩在病床上，紧闭双眼昏睡着，身上插着几根导管，呼吸机的面罩下，干裂的嘴唇不停地翕动着，发出重重的喘气声。我的心一下子被揪住了，我伫立床边，端详着他，一连叫了几声“也鲁老师”“也鲁老师”，可他毫无知觉。他女儿顾虹女士紧贴着他的耳朵大声呼唤他，依然是没有丁点儿反应。我后悔来迟了，心头涌起浓浓的歉意，不由地想起他90岁时给我送书的情景。那天，他兴冲冲地来到我的办公室，一进门就忙不迭地递上一本书，笑着对我说：“我又出了一本《影坛艺友悲欢录》的书，你有空儿翻翻。”我说一定认真拜读，并告诉他，上次他送我的《上海滩从影记——顾也鲁自传》，我看了，很真实、很精彩，许多人和事写得活灵活现，很有史料价值。他听了愈加开心，带着一丝满足对我说：“我还有很多东西可以写，我已经90多岁了，我不想将这些东西烂在肚子里带进火葬场。”我说：“当然啦，电影圈说你是铁打的顾也鲁，你肚子里故事多着呢。”说完，我俩哈哈笑了。临别，我要派车送他，他不容置疑地拒绝了。他就是这样谦恭，这样低调，没有架子，不甩派头，实实在在，不愿为别人添任何麻烦，80多岁时还蹬着一部老“坦克”到处转悠。更难能可贵的是，他一连写了好几本书，都是自己单打独斗完成的，既没有伸手要赞助寻支持，也没大张旗鼓地搞什么签名售书活动，就连给同事朋友送书这样的杂活琐事都自己承包了。遗憾的是这些年我们没有主动给他足够的关怀和支持，因为他没有高级知识分子的身份，我们压根儿就没有将他作为重点关心的名人。想到这一点，我们能不汗颜吗？平心而论，像他这么一位20世纪30年代就投身影坛，从事电影表演长达七十多年，和周璇、胡蝶、陈云裳、李丽华、上官云珠、秦怡、王丹凤等大牌明星有过多次合作、拍摄过百部电影、被誉为“袖珍小生”的“老戏骨”，他的资历、业绩、贡献和影响，都完全有资格跻身“高知”之列。但他终究没有得到这样的资格，什么原因，说不清道不明，没有人会给你一个准确的说法。不过，曾长期浸淫于名利场的老顾想得开看得淡，从未为此喊过冤屈发过牢骚，尽管他心里藏着块垒，但他依然乐乐呵呵，开开心心。曾经有人告诉我，说顾也鲁在中华人民共和国成立之前曾经在香港开过电影公司当过老板，难道这就是祸根？我无法考证，我所了解的也鲁先生是老资格的明星，也是20世纪50年代初被“港英政府”驱逐出境的进步电影工作者。没有了“高级”身份，就享受不到“高级待遇”，工资、住房、就医等，眼下他也只能躺在龙华医院的六人一间的普通病房里。值得庆幸的是，2005年中国电影百年大庆，89岁的他光荣入选“中国电影100年”五十位优秀电影艺术家，亲自披红戴花赴北京接受了这份荣誉。他的一生终于被一个漂亮的句号圈定了，他为此倍感欣慰。

我愧疚地望着病床上昏睡的也鲁先生，心想我还能为这个垂危的生命做些什么呢？医生和顾虹告诉我他已无法进食，整个生命都维系于通过导管输入的营养液，最好的办法是为他注射人体球蛋白，但是这种针剂十分紧俏，没有相当的门道是买不到的。我从顾虹的目光中明白了我应该做些什么。离开医院，我丝毫不敢懈怠，不停地寻朋友找关系，终于在一家部队医院搞到两针球蛋白。

也鲁先生的生命得到了延续，但那是短暂的。心肺功能的彻底衰竭终究还是将他击垮了，2009年12月23日，他的生命被定格了。那一天，寒风肃杀，天特别的冷，冷得有点苍悲。晚上，我找出他送我的那本自传，怀着悲痛，蘸着尊重，在扉页上写下“袖珍小生，我们永远怀念您！ 2009年12月23日”。

2010年12月

风骨

2007年，香港回归祖国十年了。在这举国欢庆的大喜日子里，我记忆的屏幕上又浮现出著名电影演员韩非当年留在深圳沙头角的一组镜头。

那是1982年的春天，为了亲身感受和体验正在如火如荼建设的深圳特区的发展和变化，上影厂组织了一批创作人员前往考察，我有幸和韩非等人结伴同行。考察团中他最年长，名气最响，我则是最年轻的，刚进电影圈不久。然而，在长达半个月的接触中，我们很投缘，很亲密，他没有半点大明星的架子，和蔼可亲，平易近人，和大家同吃同住同行，从未提一丁点儿特殊的要求。作为长者前辈，他对我呵护有加，关怀备至，经常叮嘱这、关照那，晚上一有空闲我就缠着他讲影坛的趣闻逸事。让我愕然并油生敬意的是，这位擅长喜剧表演的老艺术家在银幕上眉目传情，伶牙俐齿，诙谐幽默，不经意间就能让你捧腹开怀，可在生活中却不善言辞，有时甚至结结巴巴，憨厚得过于矜持，朴实得近乎木讷。他的谦恭，他的慈祥，就像朴朴实实的邻家大爷。

那年头，国门虽然渐渐打开，但真正能跨出去的人极少。因此，深圳沙头角这个与香港接壤的小镇，就成了人们窥探资本主义花花世界的窗口。大凡到深圳来的人都会专程赶到小镇转上半天。其实这是个极其普通的南国小镇，没有鳞次栉比的高楼，也没有宽敞平坦的马路，唯有那条两米宽的中英街，紧紧地联系着两个世界，一抬腿就跨过历史的一个台阶。人们可以越过地界，在沿街密布的金银首饰店、电器店、食品店、杂货店，用港币适量地选购一些海关允许携带的诸如电动剃须刀、力士香皂、蛋仔面、味素等日用品和食品。我们自然也不例外。那天，当我们坐车驶进沙头角后，大家都特别兴奋，没等向导把注意事项说完，一帮人就迫不及待地下了车，消失在熙熙攘攘的人群中。我没有急于下车，因为我兜里没有港币。韩非也没下车，他坐在位子上一声不吭，脸色沉沉的，堆砌着少有的严肃。“他怎么了？病了？”未等我开口，他像突然发现什么似的，冲着我问道：“你怎么不去转转买点啥？是不是没带港币？”我支支吾吾。他随手从口袋里摸出一张美元，硬塞在我手里说：“难得来一次，去，用美元换成港币，给你爱人买点儿啥。”我没有推诿，说了一句，“好，算我借你的。”接着又反问了他一句：“韩老师，你怎么不去？”他望了我一眼，摇了摇头，“我不想去。”“去嘛去嘛，一起去。”我不由分说，凭着这些日子所积下的交情，硬是将他拉下了车。我挽着他的胳膊，穿过摩肩接踵的人群，来到了中英街旁。当那块界碑跃入我们的眼帘时，他突然站住了。我怎么拉怎么说他都不动。我不明就里，一头雾水，对这位慈眉善目的邻家大爷突然不合群的做法感到纳闷。他不停地催促我，“去吧，去吧。”自己转身走了。我不便强求，只能默默地看着他离去。我在小街转了半个小时后又回到车上，只见他默默地坐着，一言不发，我更觉奇怪。在回宾馆的路上，我忍不住又提起这件事，问他为什么不愿去小街转转，他先是不吭声，再问，他说，回上海告诉你。

从深圳回沪后不久，我去了韩非的家，一是还他美元，二是想得到他的答案。还他美元，我是用黑市的汇率计算的，他执意不从，最后，违拗不过，就依他按银行的汇率兑算了，我少花了一百多元人民币。那时我一个月的工资才五十四元五角。提到深圳的事，没容他开口，他夫人——著名演员李婉青就抢着告诉我原委。原来，韩非20世纪40年代去了香港，不但是一位深受观众欢迎的电影演员，也是一位从事进步文化运动的积极分子。新中国成立后，怀着对祖国的一腔真情，韩非、刘琼等一批进步电影工作者，以更高的热情组织和参与各项爱国活动，惹恼了“港英政府”，他们不断使用恫吓、威胁等卑劣手段打击这些进步电影工作者。当一切都无法奏效后，“港英政府”黔驴技穷，无端地将他们驱逐出境。怀着悲愤和无奈，韩非和刘琼等通过罗湖桥回到了上海。从那时起，韩非发誓，只要香港还在英国人手里，他绝不在香港留下一个足印。

我终于明白了，明白了韩非伫立中英街街头不越雷池半步的原因所在，明白了彼时彼地这位邻家大爷的情感涌动和内心独白，明白了什么叫爱国，什么叫骨气，什么叫真正的艺术家。我久久地注视着韩非，真想紧紧地搂着他，摸摸他的肩膀是不是铁铸的，他的脊梁是不是钢打的……

执笔之时，香港回到祖国的怀抱已整整过了十个年头，可韩非老师早在香港回归之前就作古了。他没有能亲眼看见扭转乾坤的历史一幕，更没有堂堂正正重回香港再游故地，是一件十分遗憾的事。我想，如果他还健在，我一定陪伴他到沙头角走一遍，到香港转一圈，让他亲眼看看五星红旗正高高飘扬在这块令他魂牵梦萦的土地上。

2008年1月

留在心底的祝福

韩尚义同志离我们而去已经十多年了，可是对他的怀念，常常被那本倾注着他的心血的《上影画报》杂志所牵动。记得他离去的那天，寒意料峭，淫雨霏霏，连路边打着朵儿的小花都低垂着头。噩耗让我一连几天都恍恍惚惚，不停地翻阅当年他参与编撰的《上影画报》，读他的文章看他的画作，沉浸在难言的悲痛中。

老韩是我非常熟悉、敬重的前辈。我敬重的是他不受命运摆布、执着追求、奋发向上的理想信念和百折不挠的进取精神。他家境贫寒，没读过很多书，也没有条件上专门的学校学画。13岁便背井离乡独自闯荡上海，在这块土地上跋涉了近七十个春秋。风霜雨雪，酸甜苦辣，他全领受了；筋骨之劳，饥馁之痛，他都经历过。他凭借天赋之才，苦读细研，从画插图、漫画起步，自强不息，探求绘画真谛，踏勘人生之旅，开拓事业之路，从一个贫困的乡下孩子成长为一名驰名影坛、业绩卓著的美术设计大师，他为此付出了多少艰辛，又承受了多少磨难！这一切，那些凝聚着他心血和汗水的影片、画图、文章—— 都会向您细细叙述。

我在银幕上早已久仰韩尚义的大名，真正认识他是在1981年。那时他已是上海电影制片厂的副厂长兼总美术师，而我只是正准备复刊的《上影画报》的一位小编辑。第一次见面，他留给我的印象就是一位值得信赖和敬重的长者，那敦实的体魄、憨厚的笑容，以及节奏舒缓的谈吐，传递的不是领导的气势和旨意，而是一种朋友间的亲切和信任。是的，与他交往，你不会感觉到职务和年龄上的差异，更不会有丝毫的拘谨，他和蔼可亲的长者风范，很像“隔壁爷叔”。他是名人，但他不居功自傲；他是领导，但他不颐指气使。他总是那么乐呵呵的，像一尊心宽体胖、笑口常开的弥勒佛，难怪人们都说他是一位肚子里浸满墨水和色彩的胖老头、好老头。说到他的好，从事电影美术工作的同志更有体会。

长期以来，从事电影美术工作的职务被冠为“美工”。老韩觉得这样的称呼不公道不公平，执意呼吁要改之为“美术师”。经过他坚持不懈地努力，“美术师”终于堂而皇之地走上了银幕，也纳入了职称评定系列。

从《上影画报》复刊第一期起，老韩就是为数不多的几位编委之一。别看他既是行政领导又是艺术权威，平时忙得团团转，可是对“《上影画报》编委”这个头衔却相当看重。每次开编委会，他总是早早地从厂里赶到编辑部，而且事先必然做好充分的准备，一条条、一项项都记录在案。他的发言常常是音量不大却分量很重，谈问题开门见山，找缺点一针见血，提设想实事求是，话总是说到点子上；但他不固执己见，喜欢你和他争论。老韩不止一次地叮嘱我们，办杂志要有自己的特色和风格，电影杂志自然要有电影的特性，而《上影画报》要有上影的特点，但是画报不是编给我们自己看的，是编给广大读者看的，因此一定要研究读者的口味，知道他们的喜好，既要注意普及性、趣味性，也要体现艺术性和专业性。他不仅在栏目的设置、图文的配发、文字的风格、作者队伍的挖掘上为我们提建议出点子，而且身体力行亲自动手写、动手画，向熟悉的行家高手约稿。他提议开设

“银海微波”栏目，公开登载一些艺术家之间来往的信件，并带头将自己与别人的通信公之于众，使这个栏目在很长一段时间内很受读者欢迎。他倡导用漫画的形式来展现电影摄制过程中的一些逸闻趣事，于是《上影画报》就有了诙谐幽默的漫画连载《阿迷新传》。为了画出新意、画出趣味，他亲自挂帅组织了一个创作班子，倾注了大量时间和精力。他还关照我们要保持和读者的密切联系，经常不断地收集他们的意见，热情解答他们所关心的问题，于是我们又增设了一个专门与读者交流的栏目——“阿迷茶座”。尽管老韩已入古稀之年又经受过病魔的摧残，但他精力旺盛、思维敏捷，保持着良好的心态。每次看到他开完编委会后匆匆离去的身影，我不由地在心底里一遍遍为他祝福。

如今，事过境迁，人是物非，我也被冠以“年过花甲的老头”了，但老韩留给我的印象却依然十分清晰，他的热情、执着、严谨和认真我没有淡忘，只是像他这样的领导和艺术家已经很难寻觅了。想到这些，我心里会隐隐作痛。

2009年9月

电影摄影的开山鼻祖

黄绍芬老师离开我们已经整整二十年了，可是他那融学者气质、老克拉做派和大师风范为一身的独特形象，岁月抹不掉带不走，依然清晰地留在我们的记忆中。

三十七年前，我进上影不久，有一次去厂部，迎面遇到一位老同志，他体型微胖但步履轻盈，头发一丝不乱，皮肤细滑红润，穿戴挺括，搭配和谐，戴着一副考究的眼镜，蹬着一双锃亮的皮鞋，提着一只黑色的公文包，冲我微微一笑，擦肩而过。我目送他的背影渐渐远去，心想，瞧他这等派头这番气质，准是个大导演或者大演员，但姓啥叫啥，一下子又对不上号。于是我就找办公室的同志打听。谁料，我的描述刚开了头，那位同志就惊异地反问我，“黄总，黄绍芬，你怎么会不认识？”

“黄绍芬”，这名字如雷贯耳，中国最著名的电影摄影师！我为自己有眼不识泰山而汗颜惭愧。“黄总”在上影可以说无人不识、无人不敬，在上影能被上上下下尊称为“总”的只有黄绍芬，一是因为他担任着上影总工程师的重要职务，虽年逾古稀，但是有他坐镇，上影的技术水平才能走在全国前列；二是他从20年代就投身电影摄影，拍了数十部经典名片，是电影界名副其实的开山鼻祖，是摄影技术发展的总指挥。

认识黄总后，我的第一感觉是，他不仅形象酷，而且心地特别善，待人接物知分寸有风度。鹤发童颜显示了他的精致，和蔼可亲则透溢出他的豁达。他是老前辈，是中国电影的拓荒者和见证人，但他从不倚老卖老，无论谁找他，他都是一脸春风，稳笃笃，笑眯眯，操着一口夹杂广东口音的普通话，和风细雨地和你聊。他能解决的事不推诿不拖延，一时不能解决的困难，他会提建议找办法，讲话实实在在，做事兢兢业业，从不打一点马虎眼。这是搞摄影的职业特点，要拿捏得准，不仅构图要美，聚焦要实，而且曝光要恰到火候，不能过头也不能不足，不认真不用功，行吗？黄老师常用这样的道理诫勉自己。作为摄影权威、技术专家，找他请教的，求他指导的，他都热情接待，用心传授，毫不吝惜自己的时间和精力。新片开机，他会根据影片的风格样式在技术上提出具体要求，审查样片，他一丝不苟，不放过任何瑕疵。作为总工程师，他善于吸取别人的意见和建议，注重调动年轻人的创造性和积极性。他常说，自己是学生意出身，理论基础比较薄，同样需要好好学习。

黄绍芬老师的一生是好学上进，刻苦钻研，不断求新、开拓进取的一生。他从童星起步，与电影结下不解之缘。1925年，14岁的他远离故乡中山，进入上海民新影业公司学习摄影，凭借他的聪颖、勤奋、踏实、肯干，他不断成长成熟，成了中国电影摄影的领军人物。不仅拍摄了近百部电影，而且以其高超的技术和精湛的艺术，为数十部传世经典影片的诞生做出了不可磨灭的贡献。《故都春梦》《三个摩登女性》《母性之光》《夜店》《假凤虚凰》《女篮5号》《林则徐》《枯木逢春》《霓虹灯下的哨兵》等，这些影片彰显了黄老师深厚的艺术造诣，也浓缩了黄老师辉煌的艺术生涯。难怪好些名导演一拍片子就铁定黄绍芬担纲摄影。更难能可贵的是，黄老师在艺术处理上不是因循守旧，墨守成规，对传统的技法在继承的基础上大胆革新，用光影色彩的鲜活和灵动赋予影片生命力和感染力。创新，是他前行的动力，中国第一部彩色影片和立体影片的拍摄，都是由他亲力亲为、大胆实践而取得成功的。

黄绍芬老师从14岁一直干到74岁，才恋恋不舍地离岗休息，他把一生的精力都毫无保留地献给了电影事业。遗憾的是他86岁那年，病魔无情地为他的生命画上了句号，但他开创的事业后继有人，他的精神也成了一笔宝贵的财富在电影界发扬光大，代代相传。

2017年4月

难以磨灭的青春印记

康泰，我们曾经崇拜的电影演员，怎么竟将他忘却了呢？在又一次观赏了影片《青春之歌》后，我产生了自责。自责唤回了记忆，难以磨灭的青春的印痕，尽管被流逝的岁月蒙上了一层灰尘，但轻轻一抹，康泰以他特有的神韵和风采缓缓走到了我眼前……

最早认识康泰是在银幕上。那年，我刚进初中，关于青春和理想的教育充斥整个校园。

但我懵懵懂懂还不知道青春是啥滋味，更不明白青春怎么燃烧，怎么和祖国人民联系在一起。直到有一天，学校组织我们观看了影片《青春之歌》，我才对青春产生了少有的亢奋。我不仅学到了“冬天到了，春天离我们还远吗？”这句精彩台词，更重要的是从林道静、卢嘉川这些活生生的人物形象身上感受到青春是那么富有色彩那么充满力量。我甚至后悔自己没有生长在那个腥风血雨的时代，失去了用青春报效祖国的机会。那些天，这部电影成了我们议论的话题，“林道静”谢芳固然令我们喜爱，英俊潇洒、睿智沉稳的“卢嘉川”康泰也让我们羡叹。他清癯的脸庞、高挺的鼻梁、深陷的眼窝，透逸出英气和帅劲，冷峻的气质和儒雅的风度交织着刚毅，这些都清晰地投影在我们记忆的屏幕上。

此后几年，凡是康泰出演的电影，我大多都看了，至今依然难忘的是他和秦怡在《摩雅傣》中的精彩表演，他留下的是中国银幕上最漂亮的少数民族男性形象，《红日》中他塑造的那位有着书卷气的团政委则开创了银幕儒将之先。

重新认识康泰是“文革”后，他接连在《风浪》《苦难的心》和《第二次握手》等影片中出演主要角色。尽管磨难让我们从他的身上看到了岁月的无情，但他依然风度翩翩、俊朗倜傥，依然一位翩翩美男子；更令人欣喜的是因为他所扮演的这些角色和他有着同样的命运和遭遇，他的内心强大、感情丰富，赋予他的表演更有深度和力度，形成了“情感真实、内在而自然”的风格。

真正认识康泰是20世纪80年代我成为《上影画报》编辑后。那时，上影人才济济，明星荟萃，为了把十年动乱中沉寂的老演员和近年崭露头角的年轻新秀尽快介绍给关心他们的观众，画报开设了特色栏目“上影群星谱”，康泰是当然人选，于是我们有了零距离接触，有了坦诚随意的交流。欣慰的是，康泰不摆谱，不倚老卖老，也不酸文怪气，他有问必答，谈他的从艺经历、创作体会、人生感悟，兴趣爱好，以及家庭生活，有快乐有烦恼也有痛苦，在他儒雅的外表下也有许多无奈。但这些没有弱化他对艺术的追求，他热爱生活，尤其喜爱体育运动，不仅参加了刘琼、舒适等明星组织的篮球队，而且每天坚持长跑。他告诉我，作为演员，体型体力很重要，没有强健的体魄，没有坚韧的毅力，想演好戏，难！那时，他还年轻，五十多岁，他还可以大展宏图，去追梦，去夺回被“文革”掠取的时间，登上人生的高峰。我从心底里为他祝愿，为他祈求。

然而，天有不测风云。1985年1月22日那个冬日，噩耗突降。凌晨，在广州拍完影片《公寓》最后一个镜头的康泰突发心肌梗死，抢救无效而去世。悲痛挟裹着寒意，将我们推入一个冰冷的世界。我怀揣沉痛去了他家，寻找用作纪念的一些照片。我从他的影集中追寻他的身影和足迹：《青春之歌》中的卢嘉川、《红日》中的陈坚政委、《渡江侦察记》中的周长喜、《苦难的心》中的罗秉真、《第二次握手》中的苏冠兰，等等，这些耳熟能详的人物，是一道道清晰的印记，镶嵌在我的青春里。

光阴荏苒，二十多年过去了，“青春之歌”余音袅绕，青春印记难以磨灭，康泰依然陪伴着我们。

2014年2月

定格在记忆中的身影

20世纪80年代初，我走进了上海永福路52号这座神秘的电影文学殿堂，认识了许多我所崇拜的电影编剧，其中就有我仰慕已久的大师级著名作家柯灵先生。

那时，柯灵先生已经年逾古稀，虽一头银发，但精神矍铄。无论阴晴雨雪，他每天上午都会从复兴西路的寓所款款走到52号，在传达室取上当天的报纸，沿着树影婆娑的小路悠悠地踱上一会儿，轻声慢语地和偶遇的熟人打个招呼，然后又悄悄地离去，回到那承载着他“上海一百年”创作梦想的小书房内。

那时，柯灵先生似乎还挂着“上海电影局顾问”的头衔，但他已无暇顾及或参与与创作长篇小说《上海一百年》无关的琐事了。他的愿望是：“不管寒来暑往，天地玄黄，只求能静居斗室，写点东西安度余年。”他已经全身心地浸淫在上海的百年风云和沧桑巨变中。为了争取时间，在有生之年将这座他已经生活了五十多年的“不夜城”变成鲜活的文字，他在自己寓所的门上高高挂起“下午四时前谢绝会客”的“免战牌”。

然而，人在江湖，身不由己，更何况他这么一位集作家、剧作家、编辑家于一身，在文学界、电影圈享有威望和信誉的名人。“免战牌”形同虚设，为公为私登门造访的人依然络绎不绝。老先生为人厚道，温文尔雅，非但下不了狠心拒客于门外，而且总能容忍和克制被惊扰的痛苦和烦恼，尽可能满足来客的要求。于是，挑灯夜战成了老先生和时间赛跑的最好的办法。

我曾经去过柯灵先生的家采访过他，尽管事先有过预约，但那也是下午四点之前。柯灵先生的寓所虽是花园洋房，但经过“文革”颠覆性的调整，老先生的家所占据的空间十分逼仄，那间用来创作鸿篇巨制的属于他的房间，除了一张堆满各种书籍资料的写字台，几乎再也不能容纳下什么了，而且光线幽暗，阴气很重，我想冬天准是一个冰窖。目睹此景，我大为震惊，一阵悲凉油然涌上心头。端详着面前这位博学多识、著作等身的老人，我无语凝噎，深感要描摹经过劫难的中国知识分子的忍辱负重，任何文字都会显得苍白无力。采访很顺利，也很平淡。这位落笔生风、字字珠玑的大作家不善言谈，问一句答一句，对自己的描绘和叙说总是“惜字如金”，所用言辞也是“捉襟见肘”。他经常挂在嘴边的一句话是：“人生不满百，常怀千年忧。”这种文人固有的忧患意识不断唤起他感叹人生的苦短，促使他以千百年积聚的传统美德反省自己、约束自己、督勉自己。他消耗最低的生活成本，置换出的却是一部部成功的文学作品。他严于律己，宽厚待人，淡泊善良铸就了他的正直禀性。让我记忆犹新的是，那次采访我们曾经谈论到“文革”期间所遭受的打击和摧残，他没有喋喋不休“痛诉家史”，也没有一腔悲愤“大呼不公”，而是希望在这场历史大戏帷幕垂落后，我们整个民族乃至每一位公民都应该认真地去反思，从灵魂深处寻觅悲剧产生的原因。

柯老醉心于《上海一百年》的写作，但他身处的环境不能让他潜心尽情。对此，组织上十分关注，先是在文学部腾出一间房子供他专用。不久，电影局又想方设法为他调剂增配了一间20多平方米的旧公寓房子，于是在连接两个住所的马路上多了一位皓首老翁的身影，他款款地来，到永福路52号取上报纸，又悄悄地离去。寒来暑往，他的身影被永远定格在我们的记忆中。

遗憾的是《上海一百年》这部鸿篇巨制，没有最终杀青，柯老的身影就消失了。这是多大的不幸！我想如果我们能给他提供更好的写作环境，能为他配备能干得力的助手，能为他挡去过于纷繁的打扰，那么我们的文学宝库里就会少掉一块空白。

2009年8月

我乐意叫他叔叔

李天济是我敬重的编剧，也是我乐意尊称为“叔叔”的前辈。我常想，这么一位学贯中西、学养丰厚又极具经验的编剧，如果他能多活十年八年，类似《今天我休息》这样的作品一定会繁衍再现。我还想，如果天假其年，让他有足够的时间去回顾、反思、总结，他也会以他常有的精彩为喜剧电影的理论留下浓墨重彩的一笔。

我最早知道李天济，是在电影《乌鸦与麻雀》中。我喜欢那位动辄瞪眼撇嘴、挤眉耸鼻的国民党军官侯义伯，虽然戏不是很多，但形象“丑陋”到家，表演“夸张”到位，活灵活现、惟妙惟肖，真是个让人“过目不忘”的角儿。于是，脑子里留下了“演员李天济”的印象。后来，有幸观赏了被史学家称为中国电影十大经典名片的《小城之春》，脑子里又植入了“编剧李天济”的大名；但我没有意识到两个“李天济”本是同一人。是呵，一个“其貌不扬”的演员，一个才华横溢的作家，这二者怎么能合并同类项呢？

20世纪80年代初，我进了《上影画报》，办公地点就在曾经诞生过数百部好剧本的永福路52号上影文学部内。与那么多名编剧、编辑相邻而坐，我这个初入行的年轻人既感到欣喜又有些诚惶诚恐，更重要的是他们中有好些是我岳父母的战友同事和朋友。有一天，李天济走进了我们的办公室。他站在我面前，斜着头眯着眼睛看着我，脸上堆着笑容。我觉得眼前的这位大叔似乎在哪里见过，但想不起来他姓啥名啥，我起身，毕恭毕敬地站着，感到一丝局促，我嗫嚅着：“你是——”“我叫李天济！”他大声告诉我。我一听“李天济”三个字，马上想到了银幕上的侯义伯，喜不自禁地随口就说了声：“噢，老李，我看过你演的《乌鸦与麻雀》！”没想到他眼一瞪嘴一撇，一字一顿地“训导”我，“你可不能叫我老李，你得叫我叔叔。

我和你的岳父是老同事老朋友。”我一惊，赶紧重重地叫了一声“李叔叔”。这下，他笑了，笑得很自在很真诚。那天，他在我那坐了很久，给我谈了许多关于我岳父当年工作和生活的细节。最后叮嘱我，你是上影的子弟，可得好好干，为老上影争气啊。就这样，我的生活中走进了一位热情、坦率、真诚的李叔叔。

在文学部，有名气的李叔叔是个普通人、热心人，一个善于制造快乐的热心普通人。他表情丰富、语言幽默，他喜欢串门，喜欢聊天，喜欢纵横天下，谈古论今，走到哪儿，就把笑声带到哪儿；即便是讲当年牛棚里的事，他也有声有色、诙谐风趣，冷嘲热讽，让你喜泣交融，留下极深的印象。谈笑间，他忘却了年纪和辈分，连我也常常被他戏称为“老兄老弟”。

李叔叔是个老资格的大编剧，他不仅受过系统教育，而且阅历丰富，善于从生活中发现题材，从普通人身上挖掘喜剧元素。80年代，经历过“文革”、已经年逾花甲的李叔叔“老夫聊发少年狂”，激情勃发，才思泉涌，喜剧的天赋与才艺达到炉火纯青的地步，接连创作了《爱情啊，你姓什么？》《姑娘今年二十八》《逢凶化吉》等多部喜剧，以精巧的构思、娴熟的笔法，对如何轻松活泼、亦庄亦谐地展现普通人生活、开掘严肃的社会主题进行了卓有成效的尝试，通俗易懂地总结出一套戏剧创作的主要因素和基本套路，对如何组织素材，制造噱头，抖包袱，把握节奏进行了系统地探索。

作为一名老编剧，李叔叔对提携年轻编剧从不吝啬自己的时间和精力，没老没少，亦师亦友，深受年轻人的尊敬和爱戴。80年代，上影文学部一批年轻人脱颖而出，创作了一些很有影响的喜剧片，他们中大多都得到过李叔叔的指教。

遗憾的是，一辈子给观众送去笑声、带来乐趣的李叔叔，晚年却被病魔缠上了，承受了痛苦的折磨。1995年74岁的他因病离开了我们。他走得太早了，太快了。他肚子里还有许多故事，还有很多笑料，还有很多当下需要的精彩和快乐，人们还在期待他制造的喜剧。许多称他为“爷爷”的后生也在等待他的教诲和帮助……

2012年3月

他创作了喜剧经典

去年是著名导演鲁韧100周年诞辰，在筹备有关纪念活动时，常有人问我："鲁韧是谁？他拍过什么片子？"我没有正面回答，只是不经意地问他："你看过《今天我休息》吗？"他忙不迭地点头，"看过，看过。"我又问："《李双双》看过吗？"他又是一阵点头。当我告诉他鲁韧就是这两部名片的导演时，他给我的感觉是震惊和羡叹。我从他的目光中找到了一种欣慰。我想，一部经典影片能跨越时空，经演不衰，被几代观众所钟爱所铭记，这是对已故创作者最好的纪念和缅怀。

《今天我休息》《李双双》是我十分喜爱的电影，数十年来，从影院到屏幕、影像制品，我看过N遍。影片以真实的人文环境和浓郁的生活气息，淹没了喜剧表演的痕迹，呈现的就是生活中的一个场景、一段故事，演员就是你所熟悉的普通人。整部影片庄重诙谐、严谨细密，喜而不媚，闹而不俗，观众发出的笑是由衷的会心的，流露的是真情实感。我曾经采访过张瑞芳老师和仲星火先生，他们共同的体会是，导演鲁韧是位对艺术精益求精、对工作兢兢业业的艺术家，他不仅自己做足了功课，还要求演员要“下生活”，走入角色的生活场景，叮嘱大伙不能走马观花，也不能蜻蜓点水，要实实在在沉下去，泡在里面，从细枝末节开始学，掏心掏肺地学。正是这种长时间的浸泡，让人物泡出了味，使影片泡出了色。瑞芳老师说，拍戏时打打闹闹全当真的，有时张口大笑舌头都伸出来了，吓得导演赶紧叫停。两位老人告诉我，那个年代，拍喜剧片是件吃力不讨好的事，拍不到火候效果出不来，过了头又很容易触及政治底线“丑化劳动人民”而惹是生非，因此鲁导在艺术处理上谨小慎微“如履薄冰”。即便如此，李双双这样鲜活真实的人物形象依然被某些人套上“中间人物”的帽子，让导演担惊受怕，“文革”时挨整受批；不过，因为崇尚鲁迅先生“韧性的战斗精神”而改名“鲁韧”的吴博先生依然对喜剧情有独钟，“文革”后还是奉献了《车水马龙》这样充满生活气息的农村喜剧片。

我和鲁导演有过一次“零距离”接触，话题就是《车水马龙》。他告诉我，从《李双双》到《车水马龙》，近二十年的时间里，他一直关注着农村和农民。这种关注源于他参加“土改”和下乡蹲点的感同身受，他还在南通乡下做过基层工作，太了解农民的甘苦和企求，他盼望国家富强，能让人民尤其是农民过上充满笑声的好日子。在目睹十一届三中全会所带来的农村巨大变化后，他油然萌生了创作农村题材、展现农民生活的冲动，他亲自参与《车水马龙》的编剧工作，并在条件极其艰苦的河南农村完成了这部影片。他说选择摄制组每天每人只有一碗水用来刷牙、洗脸、洗脚的穷乡僻壤来拍摄这部影片，为的是追求环境的真实和生活的质感，突出农村改革的重要。他的言语透逸出宽厚耿直、豁达沉稳，还不时地引用马列和毛主席的一些论述，我想难怪人们会称他“鲁马列”。提起《今天我休息》《李双双》这两部在中国喜剧电影画廊中奠定了不可撼动地位的影片，他很少谈及自己，把更多地功劳和赞誉给了张瑞芳和仲星火。他谦逊好学、重情讲义、知恩图报，在回顾自己的艺术生涯时多次提到著名导演黄佐临、沈浮这些老大哥的帮助和扶携。是他们热情地将他引入电影界，并指点他一步一步成长、成熟。他直言，没有这些前辈的关心和关怀就没有他的今天。咱能不好好干吗？

他没有食言。他以“韧性的战斗精神”，辛勤耕耘，孜孜追求，干出了成绩，拍出了历史和观众公认的经典影片。

2013年2月

星空，有你更璀璨

在纪念著名电影表演艺术家上官云珠90周年诞辰活动中，我有幸和她当年的同事、朋友和合作者一起缅怀了她48年的人生之旅，追思了她精彩纷呈的艺术生涯，再一次感受到她娇弱的身体中所蕴含的巨大的艺术能量，深深地被她的创造力所折服，由衷地领悟到一个真正的艺术家不是捧出来的，更不是吹出来的，而是由她的角色和成就塑造的。

从20岁踏上银幕，到48岁含冤离世，上官云珠主演的《太太万岁》《天堂春梦》《丽人行》《乌鸦与麻雀》《万家灯火》《希望在人间》《一江春水向东流》等影片，都是被观众认定、经历史检验过的中国电影画廊中的经典。更难能可贵的是她所扮演的角色，涉及社会的各个层面和不同的年龄、气质，形象和性格的差异很大，但她以丰厚的生活积淀和细腻的表演技巧，赋予她们独特的色彩，使其各有所貌。从善良本分、被污辱遭蹂躏的普通女工，到知书达理、温文尔雅的教授夫人，从妖艳风骚、巧言令色的交际花到素面朝天、贤惠忠厚的家庭妇女，从性格刚强、作风泼辣的游击战士到优柔寡断、命运坎坷的落魄艺人，上官云珠对中国不同女性的刻画和塑造达到出神入化、炉火纯青的境界。她是名副其实的大明星。

也许有人认为，上官云珠的艺术成就得益于她美丽端庄的形象和天资聪颖的灵性。其实，她的一生告诉我们，真正推着她走向艺术高峰的是她的执着、勤奋和不服输不言败敢挑战的勇气和毅力。她要求自己“磨难虽多心无瑕”，这个“无瑕”就是对艺术的热爱和痴迷，就是对梦想的忠实和追求。她为电影而生，为电影而死，电影就是她的生命！正因为如此，无论生存环境发生怎样的变化，无论面对怎样的难题，她都会在对艺术的追求中磨炼自己、改造自己，完善自己。特别令人感动的是，在工农兵形象主宰银幕的那些日子里，经历过旧社会、生活考究精致的她为了艺术，不断地深入生活，走近普通百姓，靠着勤勉和刻苦，先后在《南岛风云》《今天我休息》《早春二月》《舞台姐妹》等影片中，改变自我，超越自我，成功地塑造了不同类型的普通人物，成为同辈艺术家中的典范。

我们怀念上官云珠，是想唤回一种与时代与人民共存的艺术良知和创作精神，重新捡起或被丢弃或被遗落的老一辈艺术家创建的优良传统和优秀品德，勉励年轻的后来者更真诚地对待生活，更真心地对待艺术，更真情地对待观众。或许，有人会说，时代不同了，生存状态不一样了，老艺术家的一些行为方式过时了。不！这变那变，艺术的真谛不会变，人们的需求不会变，一个真正的艺术家的责任不会变。艺术不能被商业捆绑，不能被名利腐蚀，不能被逢场作戏的草率和脱离生活的杜撰所同化。前辈要敬重，历史要尊重，希望年轻演员们能将中国电影的优良传统传承发扬，演好戏，做好人。那么，即便你告别了银幕，即便你年届耄耋，也会有人记着你，为你鼓掌，为你喝彩！星空，因为你而更璀璨！

2009年5月

她的微笑写着慈祥

人的记忆需要触动才能激活。那天，著名配音演员戴学庐问我："你熟悉孙景璐吗？你应该写写她。"挺简单的一句话像鼠标一样点击了我记忆的屏幕。倏然间，我尊敬的有着妈妈般慈祥笑容的孙景璐老师的形象闪现在我眼前。

第一次见到孙景璐，是在她拍摄电影《邮缘》不久。那次采访，她的朴实、热情、爽朗，给我留下了很深的印象，而她的经历——历史和现实的巨大反差，更令我击节称奇。我没想到她资格是那么老。早在1939年，16岁的孙景璐就在香港开启了自己的影剧生涯，成功地塑造了影片《孤岛天堂》中的小舞女。这么老资格的“高知”却一点架子也没有，平淡随和、和蔼可亲，就像弄堂里的阿姨，着实让我感动。我也没想到，眼下孙老师在影片中经常扮演土里土气的劳动妇女形象，可是，20世纪三四十年代，她在香港、上海的舞台和银幕上异常活跃，名气大着呢，而且演的大多是浑身珠光宝气、娇艳妩媚的贵妇人和交际花，烫发、旗袍、高跟鞋，仪态万方、风姿绰约。这些形象性格完全相悖的角色，孙老师都能熟练驾驭、完美胜任，表现得淋漓尽致，可见她的深厚造诣、艺术功力和精湛演技非同一般。

我曾经与孙景璐共过事的一些老人聊起孙老师。他们一口一声“小孙”，显得特别亲热。他们口中的小孙，勤奋好学，乐观豁达，热爱祖国、痴迷艺术，是一位富有职业理想和艺术追求的好演员。最难能可贵的是，当年她在香港，和李丽华、陈娟娟、夏梦这些大明星齐名，片约不断，收入颇丰，地位优越，日子过得舒适安逸。然而，新中国的成立，激起了她回归祖国报效人民的愿望。她义无反顾地推掉片约，放弃富贵，回到上海，投入新的生活新的事业。提起这段经历，有人略带遗憾地对我说，如果她留在香港，她就不会经历那么多运动，挨斗被批，不会尽演一些婆婆妈妈的配角，日子也会过得舒坦惬意——但是，孙景璐对自己的选择没有后悔过。她曾经对我说过，在香港，确实有演主角的机会，也能挣到钱，衣食无忧，但自己始终感到没有归属感。寄人篱下，浸淫在殖民文化中，荣誉、金钱填补不了内心的空虚和彷徨。她特别怀念回国后那段生活，尽管角色的转换、形象的改变，是艰难的，有时甚至很痛苦，但情感和精神的充实，让她体验到满足和欣慰。

20世纪80年代初，我和孙老师曾经一起去考察改革开放的特区——深圳。一路上，凡是有点年纪的当地居民，见到孙景璐老师后所呈现出来的惊喜和欢快，让我切身感受到她的知名度和影响力；因为这些头发花白的老人生活在香港毗邻地区，都看过孙老师当年在香港拍摄的影片。每每遇到这样的场面，我会在心里暗暗思忖："孙老师会怎么想？"一天，我们来到沙头角的中英街。当我们都怀着好奇心徜徉在这条小街选购一些港货时，孙老师默默地坐在车上。我忍不住问她，孙老师，如果现在你还在香港，你还愿意回来吗？她看了我一眼，微笑着反问我，你说呢？没等我回答，她几乎不假思索地说："当然，一定的！"

孙老师特别好客，从深圳回来不久，她就邀请我去枕流公寓的家中做客。她和老伴——著名表演艺术家乔奇忙着张罗，烧了一桌菜。那年头，我们还没走出“物质短缺的困境”，能让我有滋有味地饱餐一顿，老人费了多少心思？那时，她女儿女婿还在南京军区前线歌舞团，老两口真把我们当自家孩子了，不停地捡这夹那，招呼我吃饱吃好，言语中、眉宇间透逸着父辈的怜爱和关怀。尤其是孙老师，忙里忙外，脸上始终挂着妈妈一样的微笑。

孙景璐，是我敬重的长者、前辈。我敬重她，是因为她演了一辈子戏，最成功的是真实地塑造了自己。

2011年3月

为孙瑜导演喝彩

清明期间，在人们沿袭传统，祭奠逝者、缅怀先人的日子里，我们为著名电影艺术家孙瑜先生举行了111周年诞辰纪念活动，活动虽简朴，但气氛之热烈令我们始料所不及，中国早期电影的魅力又一次让我们为之感动，为之折服。

孙瑜，这位早期电影前辈中为数极少的“海归”，以其唯美的风格、浪漫的情怀和诗化的语言，在中国影坛独树一帜，被誉为“诗人导演”。他的作品，无论是《野草闲话》《故都春梦》，还是《大路》《武训传》，都是国内外公认的经典，被永远载入史册，频频出现在各类国际影展上，为中国电影和中国电影人赢得了尊重和骄傲。他的人品和艺品，也在电影界广为传颂，他真诚宽厚、乐观豁达、温文尔雅，是许多同辈人的良师益友。尤其是在《武训传》遭遇厄运后，他没有一蹶不振，没有杯弓蛇影，没有怨天尤人，没有停止对艺术的追求和探索，依然活跃在影坛上，依然耕耘着自己的艺术领地，尽管有羁绊，有困难，有坎坷。他的这种艺术良知和创作精神被同侪尊为楷模，为后辈敬若典范。

为这样成就卓著、德艺双馨的艺术家举办纪念活动，应该是一件十分有意义的事，学习他研究他，我们可以挖掘出很多宝贵的精神财富。但是，在筹划这项活动时，我们有点犯愁。孙老毕竟是属于已经逝去的那个时代的人，看过并喜欢他作品的观众或已离去或垂垂老矣，对这么一位已经告别这个世界二十多年的老人，还有多少人会惦记着他，谁还会专程来参加这样的活动？我们担心，届时会出现老的来不了、小的不愿来的冷冷清清的局面。因此，我们特地选择了影城比较小的影厅和会议室作为活动场所，然而，没想到纪念大会还未开始，整个影厅就已经座无虚席。上影的一批老中青艺术家来了，北京、上海的电影评论家和学者来了，艺术院系的老师和学生来了，影迷们来了，最令人惊喜和欣慰的是来宾中不乏80后、90后，不见了以往此类活动常出现的“白发皓首大聚会”的场面。简短的纪念仪式结束后，放映了专门从北京电影资料馆调来的电影《大路》。虽然这部七八十岁的老拷贝道痕累累、画面模糊，放映效果比较差，但所有的观众都看得津津有味、十分投入，即便中场时拷贝还断了一次，但没有人离去，也没人喧哗，大伙儿像朝圣一样，怀着崇敬，带着虔诚，追寻着大师的梦路和足迹，直至影片放完掌声响起，许多人还沉浸其中。更没料到的是，原本在影片放映结束后安排了一个小范围的研讨会，事先也落实了发言人，但结果让我汗颜，整个会议室被挤得满满的，足足加了40多张椅子。研讨会上发言也十分踊跃、精彩纷呈，会议一直开到下午六点多，大伙依然言犹未尽，连在《大路》中饰演重要角色的郑君里的儿子郑大里、张翼的儿子张云立想说点什么都轮不上。最终，主持人只能“强行”打住。

出现这样的场面，不能不说是孙瑜的作品、人格魅力以及他在影坛的地位和影响吸引了大家，大家从心底里为他喝彩为他鼓掌。同时也告诉我们，艺术家的生命是有限的，但他们的作品及作品所蕴含的艺术魅力会无限制地延续，影响一代又一代人，成全了“他永远活在我们心中”的愿景。因此，孙瑜若在天有灵，也一定会为我们的真情而快乐，而快乐正是他老人家一辈子苦苦追求的。

2011年7月

吴永刚和酒

吴永刚导演离我们而去已经二十五年了，也许在很多年轻观众记忆的词典中已经搜索不到他的名字，但，打开中国电影的史册，他的名字赫然在目。这位二十多岁就以一部《神女》驰名影坛、年逾古稀仍携吴贻弓精心打造出《巴山夜雨》的著名艺术家，他的才气、造诣和善于创新、探求的胆识及勇气，被同侪所称道，为后辈所敬重；他为人耿直、行事坦荡的秉性也同样被大伙所赞赏。

我认识吴老是在20世纪80年代初。那时，我是《上影画报》的一位编辑。一天，一位身体清瘦，皮肤黝黑，高高的鼻梁上架着一副深度近视眼镜的老者，慢悠悠地踱进了我们的办公室，他微红的脸色掩隐不住一丝的醉意。他坐在靠窗的椅子上，随手从上衣的口袋里摸出一支已经磨得发亮的大烟斗，又从一只小布袋里掏出烟丝，将烟斗的小锅装得满满的实实的，然后划上火柴，便吧嗒吧嗒抽了起来。随着一缕缕青烟慢慢散开，一股浓浓的香味悠悠地在屋子里弥漫。

“这老头儿是谁？”初入电影厂的我并不认识他。我抬眼看了他一眼，他并不看我。在厚厚的镜片背后，他那双眼睛似乎眯成了一条线。

他就那么一声不吭地坐着，蹿入屋内的阳光为他勾勒了清晰的剪影，我听到一丝轻轻的鼾声从他微微张开的嘴巴里溜了出来。

这是一位嗜酒的无所事事的糟老头儿，我想。

“你是新来的吗？”半晌，他终于说话了，那声音低沉而充满沧桑。

“是的。你是谁？”我没有称您，因为那不是南方人的习惯。

“我啊，你们不认识了，我是吴永刚。我和你们的主编老沈是朋友。”说完，他吐出了一口烟。

“吴永刚！？”我怀疑自己听错了。我无法将眼前穿着有点儿邋遢、神情极其平淡的普通老头儿和那位驰骋影坛半个多世纪的大导演等同起来。我起身，惊异地端详着他，他依然吧嗒吧嗒地吸着大烟斗。我为他沏了一杯茶，轻声地问他："您有什么事？"

他挪动了一下身子，看着我，用略带吴语口音的上海话对我说："我看了你们《上影画报》，我最喜欢的是'影坛忆旧'这个栏目，那些老人、老故事很精彩，勾起了我所经历和熟悉的往事。我来找老沈，如果你们需要的话，我愿意为你们提供这方面的稿子。"

这正是我们求之不得的大好事，老沈自然一拍即合。从此以后，他走进了我们编辑部，走进了我们的杂志，走进了我们的生活。

几乎是每天吃完午饭，他都会裹着一身酒气来到我们办公室，先静静地眯上一会儿，然后就和我们聊老上海电影界的那些人和事，聊他自己的经历，聊他的家庭和生活，正当大家听得津津有味时，他会若无其事地掏出一张已经发黄的照片让我们看，先吊起我们的胃口，然后慢慢道出照片后面的故事。他丰富的经历加上非同一般的记忆力，常给我们一种亲临其境的快感。于是在我们的版面上不断出现一则则关于韩兰根、殷秀岑、王人美等老一辈电影明星的一些鲜为人知的故事，而在我们的心地里却潜滋暗长了对他的尊敬和爱戴。

他是一位经受过情感煎熬的孤独的老头，1957年，正值年富力强的他因为率真而被打成“右派”，饱尝了被疏远、冷落乃至剥夺创作权利的痛苦；人到中年，他的两个儿子相继被病魔和意外事故夺走了生命，这给了他致命的打击；更凄惨的是在他步入老年后，与他相依为命的妻子又离他而去，他几乎陷入绝境。他悲愤，他痛苦，他孤独，他寂寞，在无声的呐喊和心灵的震颤之后，酒成了他最好的伴侣，倾诉是他主要的需求，而和我们一起聊电影则给他带来最大的慰藉和满足。当然，能赚取一点稿酬多买两瓶好酒，对工资不高又每天必须喝上几盅的孤老头来说无疑是雪中送炭。

许多年后，我和他的孙子——上影一级美术师吴嘉葵谈起老爷子和酒时，他告诉我，老爷子喝酒上了瘾，每餐要喝，而且必须喝到他认定的杯数、有点醉意了才肯罢休。为了防止他喝多了喝倒了，家里人就偷偷地在他的酒中加入适量的冷开水。谁知，老爷子闷头喝酒，一声不吭，但杯数明显增加，你掺入的水越多，他喝得越多。后来终于明白，他喝酒压根儿就不计杯数，而是跟着感觉走，感觉有了，他也就满足了。

吴老早已离我们而去了。可我们时常想起他，想起他和酒的故事，也逐渐明白了时下流传的这么一段有关老年人的段子——老年人要想晚年生活快乐，必须具备“五老”：有一些老本，有一个老伴，有一个老窝，有一群老友，会喝一点老酒。

2007年2月

中国电影界的全才

我没见过郑君里先生，但他在我心目中的地位是高山仰止。我钦佩他，敬重他，因为他的每一部作品，无论是《一江春水向东流》《乌鸦与麻雀》，还是《林则徐》《聂耳》《枯木逢春》，都曾经打动过我，使我震撼，为我的青春烙下深深的印记，也在我的记忆中留下久久不变的美好回味。

1980年，我进入上影后，开始“走近”君里先生。我惊奇地发现，在我接触的几乎所有的电影史和文献资料中都浓墨重彩地叙述和描绘着他。他的同人、合作者，那些我尊崇的长者，也经常将他作为回忆的重点和交谈的焦点，他们的评析、羡叹和赞美，连同那些细枝末节的小镜头，使君里先生的形象越来越清晰，越来越丰满。我心中矗立起一位天资聪颖、刻苦好学、勤奋执着、虔诚治艺、严谨创作、正直为人的全才电影艺术家，对他的钦羡和景仰越加浓厚。

真正认识君里先生，是去年年底举行的纪念他百年诞辰的庆典。我不仅再一次聆听了史学家对他的历史地位和卓越贡献所做出的评析和论定，他的朋友、合作者有关他艺德、人品的深情回忆，还从他儿子的真挚细腻的言语中捕捉到这位一生钟爱电影艺术的伟大艺术家的情怀，遭遇的摧残、蒙受的冤屈，更让我感受到他的执着、坚强和博大。尤其是观摩了那部他导演的，曾经被批判、至今仍深锁在片库里的《我们夫妇之间》后，我异常地兴奋。我领略了他的才华，触摸到他对新生活、新社会充满深情厚爱的脉律；更为这部影片所遭受的磨难而愤愤不平。

纵观君里先生的一生，难能可贵的是君里先生自学成才、奋发图强的精神。他以自己的人生经历，清晰地诠释了天才出于勤奋，理想重在追求的道理。他，从一个摆西瓜摊谋生的贫寒家庭走出来的穷孩子，“人穷志不短”，靠着自强不息、孜孜不倦的奋斗和拼搏，不仅走上舞台，踏入银幕，成为受人喜爱的明星，而且在名利光环的簇拥中，他能急流勇退，抽身而出，勇敢地坐到导演的位置上。在电影圈，“演而优则导”并不少见，但像他那样捧出那么多经典名作的华丽转身，在中国电影史上堪称独树一帜。从演戏到导戏，他不仅以艺术功底丰厚著称，还以理论素养深邃见长。他自学并精通一门外语，在近三十年的艺术生涯中，先后出版了专著《演员的自我修养》《角色的诞生》和《世界电影艺术史》，成为将斯坦尼斯拉夫斯基理论引入中国的第一人。即便在“导演队伍急遽膨胀，学士硕士数不胜数”的今天，有多少导演精通外语？又有多少人能写出如此分量的专著？因此称他为最有理论功底的导演，尊他为中国电影界的全才，名副其实。

令人悲愤和遗憾的是，这么一位难得的电影全才，在十年浩劫中惨遭厄运和病痛的折磨。最终，病魔残忍地为他的生命画上了句号。那年，他才58岁。

我常想，如果他多活三十年、四十年，会是什么样呢？毫无疑问，中国的电影画廊中一定会有更多的经典名作。

2008年8月

送谢晋

五年前的10月8日凌晨，谢晋，这位生命始终被激情燃烧的电影大师，独自一人躺在家乡上虞的怀抱里，静静地沉睡了。噩耗传来，我不相信！因为没有任何征兆让我相信！前不久参加电影界的活动，我还见到了他，尽管，年初爱子谢衍的病逝差点把他击倒，他面容略显憔悴，神态有些疲惫，但他依然还是那么魁伟，那么充满激情。他的生命怎么会这么快就画上句号呢？我希望这是一则愚人节的玩笑。然而，当我接到集团领导的电话，我真的懵了。所有的假设和猜测顷刻间都化作了泡影，悲哀滴着血咬啮着我的心。

我和集团办公室主任立即驱车直奔上虞。一路上，我沉默寡语，无尽的思绪拉着我去追寻我所知道的谢晋的点点滴滴，一幅幅画面在我眼前掠过，他的音容笑貌、言谈举止，他的睿智敏锐、坦诚直率，他的热肠侠义、幽默风趣，都清晰地闪耀在这些画面上。

谢导的突然离去，使原本沉浸在春晖中学校庆欢乐氛围中的上虞市，笼罩着一片紧张不安、悲哀沉郁，听说上海来人，市里四套班子的领导早早就聚集在医院等候。我们一下车就直奔会场，没有寒暄，没有礼仪，开门见山就提出希望了解谢晋离开上海到上虞、从校庆大会到就餐饭店直至回宾馆客房的整个流程的细枝末节。于是循着时间的脉络和谢晋离家后的足迹，从登上接他来上虞的大巴开始，所有相关人员都循序认真地回忆了每个节点上谢导的所作所为。纵观谢导在上虞的整个行程，没有发现丝毫反常和异样，尤其是我和许多同志最担心的关于谢晋饮酒多少的问题也得到了肯定的回答。和谢导一起用餐的同志告诉我们，他们五个人只喝了一瓶黄酒，尽管谢导喝了将近一半，但对一位具有两斤茅台酒量的“酒仙”来说，这点酒真可谓“湿湿嘴，毛毛雨”了。参与抢救谢导的医生给出了“心源性猝死”的结论。我想，这一切还是归咎于爱子谢衍的离去。难以割舍的父子亲情让悲痛欲绝、心力交瘁的谢导，在冥冥之中选择了去寻觅谢衍的不归路。

在完整摸清情况以后，我提出要见见谢导，因为我的心还没有彻底放下。在院长的带领下，我们抄小道七拐八弯，摸黑来到一间临时安放谢晋遗体的办公室。门一打开，我的心骤然间悬了起来，一丝凉意袭来，我头皮一阵发麻，突然大喊了一声：“谢导，我们来看你啦！”我真指望这一声能唤醒沉睡的谢导。仄逼的空间、昏暗的灯光，谢导安详地躺在床上，身上盖着被子。我弯下身，专注地端详着那张非常熟悉的脸，那紧锁的眉宇凝结着悲哀和愁苦，青黑色嘴唇隐藏着疲惫和憔悴，我凑近使劲嗅了一下，没有一点酒气。我又轻轻地撩起被子，仔细察看了他的身子，没有任何受到撞击的印记。我这么做是希望用我的眼睛验证那份最后的结论，彻底驱散酒这个劳什子给我留下的阴影。然而，正是这短暂的探视让我们倏然间产生了带谢晋回上海的念头。因为尽管时值十月金秋，但气温依然较高，我担心这会直接影响到谢晋遗体的保存；再说，谢晋是上虞的，更是上海的、全国的，他的后事说什么也应该在上海举行。我将自己的想法直接告诉了上虞的领导，我担心他们会拒绝，理由很简单，移动尸体是违规的。但是他们是理解的，很快答应了，只是提出在遗体移走前，让他们举行一个简单的告别仪式。主意已定，我们即刻向上海有关方面领导做了汇报。领导完全同意我们的意见，并立即通过民政局在龙华殡仪馆做了周密安排，设置了专门灵堂等待谢导返回。

就这样，在秋风的低声吟唱中，在群星注目的夜幕下，我们怀着悲痛陪着谢导，风驰电掣般地驶向情牵魂系、铸就了他一生辉煌的上海。

那天，回到家已经很晚，但我毫无睡意，躺在床上，朦胧中我发现遥远的天穹有一颗星星特别亮，我感觉那就是谢晋，一位永远闪光的电影大师。

2013年9月

“他曾是改革的先行者”

——谢晋导演的电影产业化实践历程

10月18日，是谢晋与我们分别的日子。四年前的这一天，这位用生命在胶片上曝光的电影大师，揣着对艺术的眷恋，怀着对家乡的深情，在故乡上虞温暖的怀抱里安详地睡去了。

谢晋的可贵之处是不安于现状，他始终在进取，在创新，在探索。他不仅在电影创作上形成了独特的“谢晋模式”，而且在电影的产业化进程中大胆前行、不断开拓。遗憾的是，“谢晋模式”曾经引发过激烈的论争，而“他是改革的先行者”却没能成为话题而引起关注和研讨。

谢导将目光聚焦于电影体制机制的改革肇始于20世纪80年代中期。那时，中国的改革如火如荼，各行各业都对计划经济的旧观念、旧模式、旧格局发起了挑战，呈现出新的活力和生机，可电影业却波澜不惊、死水一潭，依然昏睡在“国家下达计划，十六家国营制片厂垄断生产，中影公司统购统销”的状态中。一些有识之士对此麻木状态深感忧虑，开始酝酿在体制和机制上有所突破。谢晋敏锐地感觉到中国电影的结构和模式必须进行伤筋动骨的改革，才能融入市场经济的大潮，才能生存和发展。他萌生了自己创办电影公司的愿望，尝试为中国电影的改革蹚出一条路。1988年，年过65岁的谢晋退休了。退休给了谢晋更大的选择和自由，他凭着自己的影响和能力，在上海电影局和上海电影制片厂的支持下，成立了以他为核心的上影巨星影业公司。这是中国第一家由导演挂帅的电影制作公司，尽管它无法和当时的十六家国营电影制片厂一样享有独立的出品权，还得依附于上影才能制作影片，但是可以自主选择题材、聘请主创、组织拍摄，在创作上享有较大的自由度。在谢晋的主导下，公司积极开拓海外合作、努力扩大市场份额，先后与香港电影公司合作拍摄了台湾影星胡慧中主演的《中华警花》，

与日本德间康快公司合作拍摄了濮存昕、栗原小卷担纲主演的《清凉寺的钟声》。遗憾的是，谢晋倾注了大量心血筹划的有关陈纳德将军的影片，最终未能呈现在银幕上。谢晋的思想是开放和活跃的，他坚信电影生产必须社会化、市场化，电影产业的发展要依靠社会力量的参与和推动。他积极倡导、亲自筹划，成立了“巨星之友联谊会”，吸纳近百家上海知名企业的老总成为会员，经常组织电影观摩研讨活动，了解社会各界对电影的评介和需求，借鉴企业运营的经验推动电影的改革。这在中国也开了先河。正是在和企业家的交流中，谢晋与当时的恒通公司杨总达成了联合创办影业公司的共识。于是，一个献出自己的无形资产，一个捧出真金白银，组建了“谢晋—恒通影业公司”。这个应运而生、完全具有独立法人资格的民营电影机构，是中国最早的民营电影公司之一，所不同的是，谢晋以自己的名字入股并成为公司的品牌，在全国文化影视机构中挂了头牌。

办公司，对谢晋来说，是自找苦吃。从叱咤影坛的大导演，到满脑子成本核算的独立制片人，这个角色的转换是艰难和痛苦的。有人或许会认为老爷子这么干是为了钱，那可真是冤枉他了。谢晋想找钱，太容易了，出出面，讲讲课，拍拍广告，做做形象代言，只要他愿意，分分秒秒都会有进账，甚至他挂个名、题个词都可以得到丰厚的报酬。但谢晋不想干也不愿干。他的名字可以换来很多钱，但他偏偏将它无偿地给了很难盈利的电影。那些年，他抓剧本，找投资，风风火火，南来北往，家几乎成了客栈。这对一位古稀老人来说似乎有点残酷，但谢导乐此不倦，永远是气宇轩昂、精神抖擞，充满活力，永远是电影长电影短。虽然苦苦经营几年，《老人与狗》《女儿谷》和《鸦片战争》这些影片没有给他带来财富，但呈现了他的梦想，也记录了他的辛劳，默默地诉说着一位老人博大的情怀。

谢晋思维敏捷，视野开阔，很善于审时度势，研究和探索电影发展的规律，并不断身体力行，为中国电影走向更广阔的空间大声呼喊、出谋划策。谢晋是第一位在国际电影节担任评委的中国导演，他的身影经常出现在各类国际电影节上。他深感电影节无可替代的重要作用。为此他积极呼吁创建上海国际电影节。他不仅是倡导者，也是主要的参与者。1993年第一届上海国际电影节举办时，他不仅利用自己的国际声誉和丰富的人脉关系邀请嘉宾、组织片源，而且顶着压力出任评委会主席，为电影节的成功做出了不可磨灭的重要贡献。

谢晋堪称影坛伯乐，他凭借自己的影片带出了一批电影明星；但他不满足，他希望有生之年能培养和造就更多的明星。在“谢晋—恒通影业公司”开业不久，他就另辟蹊径，大胆尝试，创办“谢晋恒通明星学校”，面向全国招生，聘请知名艺术家和电影教育家传艺授业，还借自己导演的影片《女儿谷》，为学员提供实践的机会，培养了一批年轻演员。赵薇、范冰冰等当年都曾经是这所学校的学生。今天的上海师大谢晋影视学院，延续了谢晋的梦想。

这些年，横店影视摄制基地规模越来越大，名气越来越响，成为名扬亚洲的旅游、拍摄胜地。可在90年代，这里没有人知道什么是电影摄制基地，更不清楚这种摄制基地未来的发展前景和潜在的商业价值。谢晋，可以说横店摄制基地的“开山鼻祖”。那年，谢导拍摄历史巨片《鸦片战争》，考虑到历史价值和观赏价值，他执意要将影片的主场景——广州街建成永久性的建筑而长期保留。可是，他跑了许多地方，见了许多官员和商家，详尽介绍了影视摄制基地未来的功能和价值，但知音难觅。谢晋抱着一线希望找到浙江横店集团的创始人、好为天下之先的徐文荣。敬佩谢晋的徐文荣经谢导一开导二鼓动，桌子一拍，拿出百亩土地让谢晋造广州街，他心想成不成反正土地还在。徐文荣没想到，当年出于对谢晋的尊重而做出的决定改变了横店前行的轨迹，为这座偏僻的山村开辟了一条发展、致富的高速路，一条广州街竟成全了一座影视城，这不能不说是个中国神话。

二十多年来，中国的电影业发生了巨大的变化。在这个历史的进程中，谢晋不停地大声疾呼，也身体力行，率先垂范，大胆地走在改革的前列，让我们看到了谢晋的另一面。他办公司，建学校，参与创办电影节，积极推动影视摄制基地的建设，每一步都彰显了他的睿智和胆量，每一个举措都蕴含着他对电影的挚爱和真情。

2012年10月

谢晋是一本厚重的书

谢晋是一本书，一本厚重的书，一本内容精彩的书，一本值得你精读细品的书，一本令你百读不厌、回味无穷的书。打开这本书，随意翻阅一章一节，都会让你触摸到他那颗火热的心和那股滚烫的情，感受到他独特的人品、艺品和作品的厚重力量。

创作——精细

谢晋对艺术的虔诚在圈内是有口皆碑的。他常说，创作就如用双手捧水，必须严丝合缝才能滴水不漏。他是用生命在胶片上曝光，显映出一幅幅瑰丽的画卷、一个个生动的形象。谢晋对题材的选择是严格的，甚至是苛刻的。对祖国的挚爱、对民族的忧患和对民生的关切成就了他对生活的敏锐和审慎。不是根植于生活、不是人民大众所关注的、不是能唤起整个民族反思的题材，他不会自觉涉足。尤其可贵的是，打动不了他的心、激发不出他的创作激情的，他也不会屈就。无论是已经成为经典的《红色娘子军》《天云山传奇》《牧马人》《芙蓉镇》等影片，还是在银幕上倏然而过的《秋瑾》《女儿谷》《女足9号》等，都蕴含着他浓烈的情感。

在影片的摄制上，谢晋求真求精，始终把标杆定在自己力所能及的上限。他选演员，从不人云亦云，更不看重名气注重影响，挑大牌拣名角。他不喜欢用别人用过的演员，喜欢用自己的眼光和标准去选择、去物色，他讲究的是气质和潜能；祝希娟、张瑜、陈冲、刘晓庆、姜文、朱时茂、丛珊等，都是由他慧眼所识，脱颖而出，最终成为亿万观众喜爱的明星。更有意思的是谢导用过的演员一旦成功了，他不会再用，他不喜欢驾轻就熟，宁可冒风险再起用新人，求新是他的

最爱。

许多演员能在谢导的影片中崭露头角，靠的是谢导的严格要求，用他们的话来说就是变着法子把我们潜藏的才能榨干取尽。他要求演员不断揣摩剧本，写角色自传；他带领演员“下生活”寻找感觉；他安排演员排小品熟悉对手。正是严字当头、生活为本才为成功奠定了基础。

谢晋对拍摄的要求更是严上加严、精益求精，一个空镜头、一个小道具，甚至衣服上的一条不起眼的折纹，他都不会放过。谁要不用心不留神，他当场开涮，毫不留情。

待人——真诚

电影表演大师赵丹曾经说过这样的话，一个生活中真诚的人在银幕上才会真诚。谢晋就是这样的人。他心地坦荡，为人正直，不摆架子，不耍噱头，他训你骂你，但从不伤你。凡是和他合作过工作过的人都会把他作为良师益友。这次他突然病逝，和他相识相处过的人无不痛哭落泪。向遗体告别那天，和他在一起工作过的人从天南海北都赶来了，这在电影界并不多见。可见人们对他的尊敬和爱戴。

谢晋经常出国，每次回来他都会给身边的人捎上一些礼物。那年，他去埃及访问，回来居然送我一件印有金字塔的T恤。我受宠若惊，问他怎么回事。他笑笑说，那次和你一起聊埃及时，我看你对金字塔非常感兴趣——一句话让我差点儿落泪。

谢导是个重感情的人，凡是和他合作过的人，不管你是明星还是炊事员，只要合得来他都视为朋友，聊天拉家常，喝酒谈人生，彼此以诚相待，以情相交，就像一家人似的。上影驾驶员廉社庆先生保留着一张拍《女足9号》时他和谢晋的合影，照片上他搂着谢导，手臂居然环绕谢导的脖子，一只手摸着谢导的脸颊，一脸的调皮，而紧挨着他的谢晋满脸堆笑、和蔼可亲，好像身边站着的是他的儿子。更令人敬佩的是照片的背面是谢导的一段亲笔题词，内容大意是，阿甩（社庆的绰号）和我合作了多部戏，是老朋友了，所以合影留念。一个七十多岁的大艺术家、一个普普通通的驾驶员，能有这份情谊，真是可贵可颂！难怪谢导去世那天，小廉拿着这张照片，不断向人们叙说着，那声音是哽咽的。

谢导一生以他的真诚结交了许多朋友，他每拍一部影片都会留下一帮朋友。时下在影视圈常会听到编剧导演之间发生龃龉甚至对簿公堂的事；可谢导和所有与他合作过的编剧都是朋友，有的还是生死之交。梁信、李凖、李准、古华、张贤亮等，提到谢晋的人品都是赞不绝口。

生活——简朴

谢晋是大家、是名人，受人尊敬和拥戴，因此无论他出现在什么场合，都会受到较高的礼遇和精心的照顾；但谢晋总是婉言谢绝，坚持随众，不搞特殊化。在摄制组，他和大家睡一样的房间吃一样的饭菜，所不同的是他的作息时间和大伙截然不同。每天拍完戏回到驻地，所有的人都是按洗澡、吃饭、睡觉这样的程序来安排时间的，唯独谢晋，一到驻地，洗把脸就睡觉，睡醒了才洗澡，洗完澡吃饭，吃完饭就工作，直至深夜困了再睡。他认为作息要顺其自然，做最需要做的事，拍一天的戏，又累又困，因此睡觉是第一需要；睡足了洗个澡胃口大增，才能大快朵颐，吃什么样的饭菜都会有滋有味；吃饱喝足了就睡不科学，那就工作，夜深人静、精力充沛，做事特有效率。

谢晋是美食家，他清楚什么样的菜货真价实，怎么样的做法物美价廉。摄制组看外景，他从不下正规馆子，而是找一些土菜、农家菜小馆子，他说这些小饭馆成本低东西便宜，比放冰箱里的东西新鲜。他喜欢亲自点菜，他经常点的菜是茄汁锅巴、海鲜锅巴之类以及炒鸡蛋、炖鸡蛋等，而且常常是先吃锅巴，吃得差不多了才把汁水倒进锅巴里，这样干锅巴可以下酒，酒喝完了吃汤锅巴又可以饱肚子。至于爱吃鸡蛋那是因为农村集镇卫生条件差，炒鸡蛋炖鸡蛋绝对卫生。

正是恪守顺其自然的规律，谢晋的办公室必备可以躺下的大沙发，办公桌的抽屉里面，饼干之类能填饱肚子的食物也一定不断。对谢晋来说，一进入工作状态，一杯水、几块饼干足矣。

谢晋追从简朴、崇尚自然，同样表现在他对家乡的眷恋上。他热爱家乡，在家乡建了房子，几乎每年都会带着眷属回家乡过年，喝上家乡的酒吃上家乡的菜，听着浓醇的乡音，是他最快乐的事。

2008年10月17日，谢晋又独自回到了家乡，这回他在家乡睡着了再也没有醒来。他静静地离开家乡，又悄悄地回到家乡，这就是自然。

谢晋——改革的先行者

在撰写谢晋导演的生平时，我们特意加上了这么一小段文字：“谢晋敢于创新，勇于探索，20世纪80年代中期他率先创建了具有独立制片人性质的巨星影业公司，走在中国电影体制变革的前列。”也许，人们不太在意这些文字的存在，也难以全面理解和领会这些文字所蕴含的丰富内容，更不会想到这些简单的叙述竟浓缩了谢导人生的重要一面。

进入20世纪80年代后，中国的改革如火如荼，进入一个重要的时期；可长期蛰伏于计划经济模式的中国电影业却依然波澜不惊，昏睡于政府下达指标、中影统购统销、制片发行垄断经营的摇篮中。垄断所导致的停滞不前使曾经辉煌了近四十年的新中国电影逐年滑坡，陷入了困境。

面对这样的局面，已经年过花甲的谢晋，用他惯有的忧患意识对他生命所维系的民族电影进行了深入的思考。这位曾经去过许多国家考察电影、深谙电影之道的艺术大师，以他特有的敏锐和胆识，萌生了自己创办电影公司的愿望。

1988年，经过谢导的努力，巨星影业公司宣告成立，这是中国电影界由导演牵头创办的第一家电影制作公司。尽管当时只有十六家国有电影制片厂享有电影的出品和制作权（发行权依然归属中影公司），巨星影业公司必须隶属上影，必须依附上影才能拍片；但是他们在选择题材、聘请主创、组织拍摄等各个方面都有相当的自主权。在谢晋的倡导下，他们把和海外合作、做大市场作为主攻方向，先后与香港电影公司合作拍摄了由影星胡慧中主演的《中华警花》与日本德间康快的公司联手制作了由濮存昕和栗原小娟担纲的《清凉寺的钟声》。

更值得一提的是，那时的谢晋已经形成了依靠社会力量共同推动电影事业发展的理念和思路。他一手策划并借助自己的社会影响，成立了“巨星之友联谊会”，成员是上海飞机厂这样一些知名企业的老总，这个联谊会开了艺术家和企业家结合的先河。正是和企业家的频繁接触和所领受的支持与帮助，让谢晋更坚定了电影必须打破行业壁垒，到大社会里寻找活力和生机的信念。这时，恒通公司的杨总成了他的忘年交，出于对谢导的崇敬和对电影的热爱，他出资和谢晋共同组建了“谢晋恒通影业公司”。于是，巨星影业公司寿终正寝，一家完全具有独立法人资格的民营电影机构应运而生，这是中国最早的民营电影公司之一。和其他民营公司不同的是，谢晋将自己的名字作为无形资产入股，并成为公司的品牌，这是全中国文化影视机构的首创。

从此，一位在影坛叱咤风云的大导演，又兼职扮演起独立制片人的重要角色。那几年，他一手抓剧本，一手搞融资，风风火火，一连拍了《老人与狗》《女儿谷》《鸦片战争》等好几部影片。尽管这么做，对一个年逾古稀的老人来说近乎残酷，但谢导乐此不疲，永远是精神抖擞，气宇轩昂，因为电影是他的毕生所爱。

谢晋思维敏捷、视野开阔，他在创作上敢于创新，在电影体制机制改革上勇于探索，是一位默默潜行的开拓者。他在人才的培养上独辟蹊径，大胆尝试，创办了“谢晋—恒通明星学校”，在全国招生，聘请许多有丰富经验和深厚造诣的艺术家担任教师，培养了一大批年轻演员，而且不怕砸自己的牌子、用自己导演的影片《女儿谷》作为他们的表演实践课。赵薇、范冰冰的成功和成名，和当年做过明星学校的学生不无关系。

和谢晋有着密切关系的还有时下闻名遐迩的横店

影视基地。当年拍《鸦片战争》时，谢晋执意要将主场景——广州街建成永久性的建筑而长期保留下来。但，当时很多人根本不知道什么是影视摄制基地，更不清楚影视基地未来的发展前景和潜在的商业价值。他跑了许多地方，见了好些官员和商家，说了很多很多道理，但知音难觅。终于，一位敢为天下先的农民企业家——浙江横店集团的老板徐文荣，在谢导的鼓动下，一拍桌子，拿出上百亩土地，让谢晋造广州街。这条街是横店的第一场景，它成全了一座世界最大的影视城。

二十多年来，谢导不仅为了中国电影的改革大声疾呼，而且身体力行，办公司，建学校，造基地，不懈地实践着自己的理想和追求。他是无可争辩的电影大师，也是名副其实的改革的先行者。

让谢晋的身后少一点遗憾

谢晋导演离开我们已经两年多了，可我总感觉他没有走远，休息一阵后，他很快就会回来的。我无法忘却，他离去的那天，我受领导委托赶去上虞处理有关事宜，在一间被临时用作他安息的屋子里我见了谢导最后一眼：他侧着身子静静地躺着，没有一点痛苦，安然恬淡，仿佛沉浸在梦乡之中。我大声地呼喊他，“谢导，我来看你啦！谢导，我们回家啦！”我的声音很大，因为我怕耳朵有些背的谢导听不清，我怕劳累过度的谢导睡得太沉，我更怕他的灵魂回不了上海。谢导倏然离我们而去了，他给我们留下了无尽的思念和深深的遗憾。没有了谢晋魁伟的身影，没有了谢晋洪亮的嗓音，没有了他一吐为快的豪爽，没有了他直抒胸臆的坦诚，电影界仿佛熄了一团火，少了一股风，有点冷清，有点寂寞，也有点平淡。好多次，我们在议论事情时，都会不约而同地想到谢导，总会打心底里蹦出一句话“要是谢导在就好了”。

“要是谢导在就好了”，真的，这是许多电影人共同的心声。谢导是一面旗帜，也是一个话题。有他在，电影曾经有过的那个辉煌的时代就不会悄无声息地隐去；有他在，电影改革遇到的疑难杂症，就有人敢面对敢正视敢挑破，敢大声疾呼；有他在，一些昧着良心、亵渎观众的风气和现象，就有人敢顶敢轰敢拍桌子，敢直言不讳地“骂娘”…… 谢导的离去，似乎是电影一个时代的结束，自然会让许多看着他的电影成长成熟的人有着揪心的痛。

他的离去，没有先兆，没有交代，没有遗嘱，他带走了他未竟的抱负，留下了许多难以填补的空白，这些绝不是揪心的痛可以完全涵盖和消除的。能告慰老人的是，在各级领导的关怀下，他的追悼会办得极其隆重，他的身后事也得到了妥善安排，妻子、爱子的生活都有了明确的着落和可靠的保障。这些，我想他会料到也会完全放心。如今，萦绕我们心头的、也是他太太难以搁置的困扰，就是那家他参与创立并无偿贡献了自己名字的公司还在，他的大名依然还点亮着公司的招牌，这不免让人担心。没有了谢晋，没有了一位视自己的声誉为生命的艺术家去引领去把控，在这家公司会怎么样呢？我们不放心，谢导更不会放心。如果他能预料到这一天，他一定会义无反顾地早早将公司名称中的“谢晋”这两个字彻底去掉，即便在这家公司能有丰厚的回报。在他看来，办公司是权宜之计，清清白白做人、认认真真创作是他一辈子必须恪守的底线。

谢导的一生，光明磊落，堂堂正正，他对艺术痴迷、虔诚，像用双手捧水一样，点滴不漏；对待自己的声誉操行，他同样如此。他多次在公开场合念叨的一句话就是：金杯银杯不如老百姓的口碑。他是名人，也是能人，凭他的社会影响和人脉资源，他想做的事一般都能做到，但他最想做的是打造自己的口碑。早在80年代，大伙还懵懵懂懂躺在计划经济的摇篮里睡大觉时，他就率先创建了巨星影业公司，并以此组建了由许多大企业名企业的当家人参与的“巨星之友联谊会”。他曾经给我说过，他办公司不图名不牟利，只是想打破长期形成的电影呆板、行政化的决策机制和运行模式，集合各种社会资源，拍更多自己想拍的电影，做更多自己想做的事，用自己的力量去推动行业的发展。我相信他的话，我更敬重他的人品。他是一位理想主义者，脑子里除了电影似乎没有其他可求了。说实话，他如果想搞点钱，凭他的地位、名声和影响，开个讲座，做个代言，拍个广告，只要他开口立马搞定，但他不会出租自己的人格，玷污自己的信念。因此，当巨星影业没有实现他希望得到的结果后，他两袖清风离开，又联合恒通公司成立了谢晋—恒通影业公司，拍摄了他想拍而一般公司不愿拍的《女儿谷》《老人与狗》等影片，保持了自己一贯关注现实生活的创作理念和现实主义的艺术追求及审美取向，尽管他的收入很少很少，但他乐此不疲。他还创建了曾经培养过赵薇、范冰冰等明星的谢晋—恒通明星学校，成就了一批电影表演人才。为了电影，他四处筹措资金，但他不会沽名钓誉，不会化缘，更不会靠自己的声誉去典当，去索取。拍《鸦片战争》时，他甚至不惜将自己的房子作了抵押。当与恒通公司的合作遇到困难时，他选择了“净身”离开，又重新寻找合作方成立了新的公司。一个年届耄耋的老人，为了自己钟爱的电影，他四处奔走，多方联络，找题材，抓剧本，筹资金，南来北往，飞机火车，整天忙得像个陀螺似的。累，无所谓，因为他心中有着梦。他敬佩日本著名导演黑泽明八十多岁还拍了一部震动影坛的武士片《乱》，他也有这样的志向。然而，梦未醒，斯人离去，他带走对电影的深深眷恋，而我们在万分悲痛之后又多了一份忧虑，没有了谢导，这家名称中含“谢晋”两字的公司，还留着这个名字做什么呢？没有了谢晋的意志和品德，这牌子还有多少含金量呢？没有了谢晋的亲自“操刀”，即使拍出电影，与谢晋又有什么相干呢？

我们每一个爱谢导的人，最应该做的是让逝者安心，在天国无憾。

2009年3月

六十年心血垒砌上影丰碑

——怀念伯伯徐桑楚

当我噙着热泪送别我心底里特别敬重、爱戴的伯伯——上影老厂长徐桑楚时，记忆中已经模糊的往事倏然间清晰地呈现，让我久久不能释怀。

1981年，我被调回上海，进了上影。我学的是文科，又爱好文学创作，自然很想做一些相关的工作。那时，伯伯是上影的当家人，他只要说一句话就可以成全我的梦想。但是对我的工作安排，伯伯一点关照也没有，明确“严格考核，按才录用”，并将考核我的任务交给了时任文学副厂长的石方禹先生。于是，方禹先生问了我许多有关文学、电影的问题，话锋之犀利令我出了一身汗。几年后，我曾经和伯伯聊起这件事。他告诉我，“我当厂长，一项很重要的工作就是要把好上影进人的那扇门，上世纪70年代末80年代初，想进上影的人很多，其中不乏领导干部的子女，有的还是我的战友和上级，我不挡怎么得了？不按才录用还不乱了套？”

1984年，我担任《上影画报》编辑部副主任。不久，一年一度按职工总数3%的比例给少数优秀职工加一级工资的工作开始了。尽管一级工资才六七元钱，但在那个物质短缺的低收入年代，这可是一个不小的数字，更何况这还是一种荣誉呢。经过层层推荐和讨论，我有幸名列其中，心里自然喜滋滋的。可是，最后名单张榜时竟然没有我。我很奇怪很失落，也很纳闷。原来，作为厂长的伯伯正式签发文件时，大笔一挥，将我的名字划掉了，换上了一位老资格的摄影师。他对经办人说，许朋乐还很年轻，今后机会有的是，不能让他既提干又加薪，否则，我们没法向群众交代。他离休后，我曾当面旧事重提，他笑笑：真有这事？我点点头。他语重心长地告诫我，做领导当干部，很重要的一条就是不能患得患失，不能什么好事都想着自己。

伯伯入党73年，去过延安，上过前线，22岁就当上抗敌演剧九队的队长，凭他的资格和资历，如果一门心思走仕途，那肯定不是现在这个位子。然而他选择了电影，倾注61年的心血，栉风沐雨，攻坚克难，以自己的胆识和能力，垒砌上影丰碑，留下斑斓画卷。他62岁奉命担任上影厂厂长，一直干到古稀之年才“解甲归田”。离休“归田”后，他没有“采菊东篱下”的雅趣，也没有“含饴弄孙”的闲情逸致，而是集聚人才，让自己的生命一次次在胶片上曝光，映现的是忠诚和梦想，留下的是经典和辉煌。

在我的记忆中，除了电影，没有其他什么还能吸引老厂长。他的生活简洁、俭朴，真可谓粗茶淡饭，烟酒不沾。他不喜欢应酬，更不愿意下馆子。他80岁那年，小辈们在饭店里摆了几桌为他庆生。他去了，但并不高兴。他问我们，为什么这么喜欢去饭店？饭店有什么好的？是呀，他当厂长这么多年，不记得什么时候在饭店请过客。战友来了，亲属来了，领导来了，甚至像陈荒煤、夏衍、丁峤这样的部局领导来了，他也是在家里随便搞几个菜招待一下。他就是这么个做派。为自己，他舍不得多花一分钱，可为职工他什么都舍得。20世纪80年代末，上影积攒了一些钱，破败的办公楼要装修，陈旧的办公家具要置换，职工的住房要改善。三者择一，老厂长义无反顾地选择了后者。他投“巨资”在大木桥路和斜土路分别建造了上影职工住房“小白楼”和“上影公寓”，解决了几百号员工的住房困难；而自己坐的沙发，早已破旧不堪。他的真心挚情，赢得的是声誉，是口碑，是尊重，是爱戴。

伯伯对上影厂有着炽热的感情，和上影人有着深厚的友谊。晚年，他常和上影退休的老人在一起聊着过去想着未来，关心他们的生活，了解他们的呼声。他积极建议扩建“上影公寓”退休员工的活动场所，他带头要求增加退休员工的共享费，他心里装着那些老同事老朋友。每一个他所知悉的上影老人、即便是一个普通的置景工人离世后，他都要亲自参加送别活动。他常挂在嘴边的一句话就是，“在一起共事这么多年，容易吗？”

不容易。一个人活一辈子能坚持这样的胸怀、这样的品节、这样的做派，真的不容易。我深知我们晚生后辈要做到像他老人家一样更不容易，但我们应该铭记、效仿、传承他的精神，以他为楷模去生活去工作，做一个让后人永远敬重、怀念的人。

2011年11月

怀念上影老厂长

上影老厂长徐桑楚先生，为他钟爱的电影事业奋斗了六十一年，贡献卓著；尤其是1978年他主政上影后，更是栉风沐雨，呕心沥血，创造了上海电影的辉煌。如今，他走了，但他的精神长存，他的贡献永恒。中国电影的长廊记录了他的足迹，上海电影的丰碑上铭刻着他的英名，那些经久不衰的经典成了我们不可磨灭的记忆。

让我们一起记住以下这些片名（这些深受观众喜爱的影片，全部是在他任上投拍出品的，而且都获得各种奖项），深情缅怀这位德高望重、可敬可爱的长者吧：

巴山夜雨芙蓉镇，小街日出喜盈门。
雷雨传奇天云山，泉水叮咚牧马人。
高山花环迎曙光，奴隶将军退伍兵。
日出庐山恋邮缘，城南旧事人鬼情。

2011年9月

站在银幕背后的巨匠

——怀念徐桑楚、汪洋等五位电影事业家

今年，在纪念世界电影诞生120周年、中国电影诞生110周年之际，北京和上海的电影工作者怀着敬爱、敬重、敬仰的深情，为“北影厂”老厂长汪洋、上影厂老厂长徐桑楚的百年华诞举行了缅怀和追思活动。当人们打开记忆的屏幕，搜索寻觅他们的人生足迹和艺术生涯时，不难发现这两位为新中国电影作出不朽贡献的电影事业家，有着许多相似之处。

这两位老人都出生在浙江，自幼受到良渚文化的熏陶和濡染，也亲眼看见和亲身品尝了中国农村的落后及贫穷。他们都曾经在上海求学、生活过，东西合璧、华洋杂陈的社会结构和文化特征，拓宽了他们的眼界，电影、话剧，这些充满现代感的艺术，唤起了他们的好奇心，也悄悄地播下了理想的种子。作为热血青年，他们对祖国对民族怀有深深的赤子之情，殖

民地半殖民地的畸形社会、耀武扬威的外国人，纸醉金迷的达官显贵以及被奴役遭欺负的国人同胞，这些活生生的生活场景，这些令人撕心裂肺的屈辱和悲哀，在他们的心中留下了问号，植入了仇恨，他们向往光明，追求进步，渴望自由，他们希望民族复兴、国家强盛，期待用自己的血肉之躯去报效祖国。当日本军国主义的铁骑开始践踏我们的国土时，这两位年方二十的年轻人再也坐不住了，他们不约而同投身抗日洪流，转辗千里，来到延安，接受党的教育和培养，分别在“抗大”和“陕北公学”完成学业，随后又肩负党的嘱托和历史使命，各自参加了抗敌演剧队，奔赴前线，以文艺为武器，宣传抗日，宣传进步，宣传团结，慰问军队，鼓舞民众，打击敌人，足迹遍布大江南北。从此，这两位来自延安、1938年就入党的老战士将自己的命运和党的文艺事业紧紧地联系在一起，为民族独立和解放鼓与呼，经受战火的锤炼而成为新中国电影事业的领导者和组织者。1951年，曾经担任华北军区电影队队长的汪洋，走上了“北影厂”厂长的岗位；而几乎在同时，参与上海市军管会接管上海电影业的徐桑楚，则出任长江电影制片厂厂长和海燕厂副厂长。他们坐镇南北，胼手胝足，以举足轻重的作用开始了为新中国电影事业奋斗终生的光辉历程。

“北有汪洋，南有桑楚”，在近半个世纪的历史时期内，人们喜欢用这样的话来表述这两位老人在中国电影界的地位和作用。这是被历史所佐证的。打开新中国电影史，初步统计一下，经他们之手出品的影片达四百多部，其中，有很多电影成为中国电影的扛鼎之作、传世精品。可贵的是他们对电影的挚爱和痴迷，对艺术的担当和追求，不仅把电影作为党的文艺事业的一部分，也把电影作为终身追求的理想和目标，用自己的生命在胶片上曝光，营造中国电影的辉煌。他们长期生活在“名利场”，但他们淡泊名利。在他们组织创作并为之呕心沥血的所有影片的字幕中，找不到他们的名字，在近千项各类电影奖项中找不到他们的名字，搁在今天，凭他们的业绩，最佳出品人、制片人、监制、策划的桂冠，谁还能与他们分享？他们淡泊名利，也无心官位，什么处级局级，不是他们的菜。他们魂系电影，情牵大众，最想做的是为人民奉献更多的好作品。他们生活的那个年代，电影作为主要的宣传工具，承受的制约和压力是今天的人难以理解和担当的。题材的把握、思想的表现、艺术的展示、人物的塑造，乃至一句台词、一个细节，都可以肇事惹祸，甚至铸成大错。他们也曾经在残酷的政治斗争中遭遇挫折、蒙受冤屈，尤其是十年动乱，在电影遭受灭顶之灾时，他们被斗挨批，受到迫害而被扫地出门。平反昭雪后，他们完全可以改换门庭，远离伤心之地，在重新获得工作时另寻轻松安逸的岗位。凭他们的资历和资格，到政府机关谋个一官半职并不是难事。但是，1978年他们复出时依然义无反顾地皈依电影，分别以62岁的年龄担任北影和上影的厂长，废寝忘食、夜以继日地在一片荒芜的土地上重新耕耘出良田沃土，培植出鲜花秀木，为中国电影的再次辉煌发挥了巨大的作用。

我和两位老人都有过亲密接触，尽管两人性格有异，待人接物的方式不同；但是他们的思想境界、精神风貌和心理素质极其相似。作为一厂之长，他们都有坚定的政治立场和丰富的工作经验，都有深厚的艺术造诣和超群的组织才能。在计划经济时代，电影是垄断行业，电影厂的创作生产有任务指标，还有各类题材具体数量的要求。如果不想担当的话，只要完成数量指标和题材要求，也能交差。但是，这两位老人不是这么想的，他们想得更多的是电影如何和时代、历史、社会、生活紧密地融合在一起，如何反映人民大众的诉求和情感，如何塑造观众喜爱的人物形象，如何彰显电影这门艺术特有的感染力和冲击力。因此，他们把自己所有的时间和精力都扑在剧本的创作和人才的发掘上。粉碎“四人帮”后的那几年，一方面百废待兴，人民群众急切地盼望更多他们喜闻乐见的好电影，一方面“左”的思潮还在不断地干扰、阻遏电影的繁荣。作为中国电影龙头企业的北影和上影，它们的每一次创作都会受到上上下下更多的关注，决策者自然肩负重压。如果明哲保身、贪图安逸，无原则地向各种干扰和责难妥协，当个“二传手”“太平官”，也未尝不可。不过，徐桑楚、汪洋，这些在战争年代敢于提着脑袋冲锋陷阵的老革命，哪怕丢什么乌纱帽？深思熟虑选中的题材，人民大众喜欢的电影，困难再大，非议再多，也绝不放弃，该坚持的一定坚持，该担当的一定担当。当《天云山传奇》《牧马人》《小花》等一些反省历史、闪耀人性光芒的影片决定投拍时，引来阵阵风雨，甚至一些权高位重的人都摇头发声，两位老人没有胆怯没有退缩，而是迎风而上，据理力争，将不可能变成可能，个中的艰辛和风险，常人难以承受。正是他们的担当，催生了一部部题材不落俗套、震撼人心的优秀影片。这些影片赢得了观众，创造了辉煌，将中国电影推向了第二座高峰。今天当人们为电影取得亿元票房而沾沾自喜时，他们忽略了电影史上曾经有过的那些惊人的记载，三十年前，在一张影票只需要五分钱的前提下，《喜盈门》《天云山传奇》《庐山恋》《405谋杀案》等影片的票房，都是几亿元、十几亿元，甚至二十多亿元。

敢于担当是两位厂长的政治素质，而容人爱才、知人善任则是他们的胸襟气度和道德修养。他们依靠自己的人格魅力，吸引、凝聚了一大批电影创作的优秀人才，为电影的可续性繁荣铺路架桥。"文革"复出后，他们一方面不遗余力地发挥老艺术家的作用，为他们施展才华投身创作创造条件，另一方面不拘一格起用新人，为他们脱颖而出实现梦想搭设舞台，形成了老将青春焕发、新手激情迸发的崭新气象，整个创作出现了前所未有的热气腾腾的生动局面。这方面的例子不胜枚举，仅选一二就能窥一斑而见全豹。北影拍摄"文革"后的第一部影片时，汪洋起用了"文革"中曾经在《人民日报》上撰文公开点名道姓批判他的一位年轻人担纲主创。此举让许多人大惑不解，可在汪老头看来，年轻人做傻事可以宽宥，他懂电影，他有才气，就得大胆使用。这可是名副其实的“举贤不记仇”啊。同样，1979年，上海的徐桑楚也力排众议，让一位非导演专业出身的年轻人独立拍片，他看中的也是他的才。同时，他用代代相袭的梯次结构，以老带新，言教身授，通过实战，加快青年才俊的成长，吴贻弓、黄蜀芹、于本正这些年轻人很快就崭露头角，成为众人叹服、观众认同的优秀电影人才。我们敬佩老厂长慧眼识珠，培养和造就了一大批富有职业理想又有专业技能的创作骨干，弥补了因“文革”造成的人才断层、青黄不接的短板，传承了上海电影的血脉。这两位襟怀坦白的老厂长，坚持任人唯贤，甘为新人铺路架桥，许多优秀作品从剧本开始就融进了他们大量的心血和智慧，然而当影片获得成功后，闪光灯下、领奖台上、报纸杂志，不会出现老厂长的身影和名字。他们就是这样默默无闻地努力着奉献着。因此，在中国电影的版图上，他们是站在最高峰的真正的公认的电影事业家，是站在银幕后面的巨匠。

70年代末80年代初，和汪洋、徐桑楚一样堪称电影事业家的还有“长影”的苏云、“珠影”的孙长城和“峨影”的袁小平。这三位老厂长我都熟悉，也从心底里敬重他们。他们和汪洋、徐桑楚是同时代人，都是三四十年代参加革命的老同志，都是文艺战士。苏云，这位八路军文艺战士，身经百战，九死一生，1947年跟随延安电影团奔赴东北开创新中国电影事业，60年代，正值困难时期，他出任“长影厂”厂长。袁小平，延安鲁艺走出来的老战士，早在1934年他就创作剧本，可是从“长影”到“峨影”，他担任主管创作的领导后，放弃自己钟爱的创作，为别人操心烦神，将自己的青春和才华无偿地贡献给电影事业。孙长城同样如此，他如果不当“珠影厂”厂长，凭借他的阅历和才艺，完全可以成为一名事业有成的艺术家，但是，当时代选择了他，他责无旁贷地投身“珠影”，投身电影事业。正是他们的躬身垂范，忘我投入，那些年“长影”“峨影”“珠影”也是佳作连连人才济济，跻身于中国电影创作生产的主力队伍。

“北影”“上影”“长影”“珠影”“峨影”，东西南北中，在长达近十年的时间内基本撑起了中国电影的大局和走势，而五位老厂长独特的人格魅力和富有担当的艰苦努力，不仅塑造了五家制片厂的全新形象，也为营造中国电影的繁荣和辉煌发挥了无法替代的重要作用。今天我们缅怀他们，最重要的是学习和传承他们不忘初心，对党的忠诚和对事业执着的信念，不计名利、无私奉献的追求，勤于学习、善于工作、乐于担当的品德。中国电影需要这样的事业家，过去需要，今天需要，将来还是需要。唯有银幕后面站着像他们那样的巨匠，中国电影才会长久地科学地不断发展和繁荣。

2015年5月

好人“坏蛋”

人有好坏之分，角色有正反之异。孩提时代不明世事，总以为银幕上演坏蛋的那些演员，生活中肯定也不是好人；那些专演主教、神甫、特务这类帝国主义走狗角色的人，生活中肯定同样阴险毒辣，令人可憎。于飞在我幼时心目中就是这样的坏人。

20世纪80年代初，我认识了于飞，并经常和他有了“零距离接触”，这个心底里埋藏已久的“冤假错案”被击得“灰飞烟灭”——演坏蛋的竟是大好人。眼前的于飞，如果你未曾相识，你会认定他是正儿八经的“老外”：宽宽的额头，深陷的眼窝，高高的鼻梁，白皙的皮肤，鬈鬈的头发，一脸“西相”，不用一丁点修饰打扮，往南京路上一走，迎接他的肯定是“哈罗”。让我深感意外的是，老于浑身上下没有一丝“老外”的傲气和娇气，更没有名人明星的架子。他和蔼可亲，彬彬有礼，说话轻声细语，举止温文尔雅，与你交谈时脸上堆满笑容，眼中流露善意。他不善表达，他喜欢点头，高兴时，哈哈大笑，那腔势很有点外国人的爽朗和坦诚。其实，老于长得很帅，一身正气，凭他的形象和气质，完全可以饰演正面人物；可那年头，以美帝为首的西方国家是我们的敌人，在“东风吹，战鼓擂”“东风压倒西风”的口号声中，银幕上的老外，清一色“坏料”，长相“西式”的演员充其量只能演“红眉毛绿眼睛”的外国反动派。而且，在“帝国主义夹着尾巴逃跑了”的年代，正宗老外实属“稀缺资源”，即便有也担心政治倾向而不敢贸然让他走上中国银幕。既然真货难觅，“假洋鬼子”就得挑起大梁，像老于这样形同貌合、既懂表演又具有丰富语言功力的老演员当然“责无旁贷”，成了演外国坏蛋的专业户。甚至有的编导为了让老于为影片添彩，特地为他“量身度体”设计了洋人角色。于是，在《斩断魔爪》《羊城暗哨》《斗鲨》《黑狮行动》《蓝色档案》

等许多影片中，老于轮番以外国主教、神甫、特务的面目出现，用神情毕肖、栩栩如生的演技刻画了一系列“人各有貌”的坏蛋，成了饮誉影坛的“最坏的坏人之一”。

银幕上的坏蛋，生活中的好人，这就是我敬重的于飞。80年代末，我有幸和老于一起搬到了上影公寓，见面的机会更多了。在我的印象中，这位慈眉善目的老头很“克勒”，总是西装笔挺，皮鞋亮亮的，头上经常戴着一顶制作考究的鸭舌帽，打扮得干干净净利利索索。他身板硬朗，步履轻盈，挺神气挺有风度。与同事邻里相处，他真诚、和善，无论在何处，他一见熟人，喜欢躬身欠腰、抱拳拱手，热情地与你打招呼，挂在他嘴边的常常是浓浓的“谢谢”。

老于是充满热情和激情的人，拍电影是他的主业，唱京戏、演话剧、说相声则是他的终身爱好，而且水平特别专业。退休后，银幕上的活儿少了，他和于振寰先生相伴说相声，他脾气好，心胸宽，不卖老，不摆谱，也不讲价，更不提特殊的要求，邀请他的单位自然就多啦。60多岁了，三天两头受邀去各地转悠。再累他也是乐乐呵呵，自己快乐，还想着法子让别人快乐。老于有着深厚的语言功底，普通话、上海话都说得十分地道，而且一口流利的英语还真能“以假乱真”。别看他在舞台上口若悬河，张嘴就来词，可生活中他却有点木讷，不善言辞，那种谦恭和朴实无声地提示你，他着实是个大好人。

老于十三年前就离我们远去了，但银幕上曾经的“洋人专业户”没有被注销，因为，他塑造的那些角色依然活在观众心中、依然在电影画廊里熠熠生辉。

2011年10月

无法割舍的崇敬和爱戴

11月16日，上海电影制片厂的生日。1949年的11月16日，在刚刚获得新生的黄浦江畔，满怀上海电影人的希望和憧憬，一身戎装的于伶先生向世人宣告了上影的成立，为新中国的电影事业敲响了开场锣鼓。如今他驾鹤西去已多年，但每到11月16日，我们总会想起他，想起这位经历残酷斗争考验，在磨难和坎坷中不屈不挠、傲然挺立的老革命、老作家、老厂长，他那清秀、矍铄、乐观、睿智的形象跃然眼前，还是那么和蔼，那么亲切——

于伶是位20世纪30年代就参加革命的老前辈，长期坚守在上海文化艺术领域，为宣传马列主义，传播革命理想，团结进步人士而奋斗，经受了白色恐怖的考验和血雨腥风的洗礼；但早在50年代初，他受“潘杨反党集团”的牵连而蒙冤受屈，被贬谪，打入另册，遭受不公正的待遇；因此，大凡七八十年代进上影的人很少见过他，更不可能与他有零距离的接触。我却是个例外。早在70 年代初，因为岳母和于伶先生的夫人柏李阿姨是老同事老朋友，我经常去于伶先生位于巨鹿路的家看望柏李阿姨。那时，于伶先生因为“潘杨反党集团”那桩陈年冤案，更因为他三四十年代在上海文艺界从事党的地下斗争，熟谙影剧圈的人和事、对“旗手”江青的当年往事知根知底，自然难逃厄运，不仅家被抄人挨斗，还被投入秦城监狱，受到精神和肉体的摧残与折磨。国乱家破，没有了于伶的身影，没有了于伶的笑声，门庭冷落，几个孩子或在外地工作，或去农村插队，更显得柏李阿姨形单影只。这个曾经飘溢书香的温馨之家笼罩在清冷寂寥、凝重苦涩中。幸好，当时才三四岁的外孙女彤彤被妈妈送到了姥姥身边，她的天真活泼、她的欢声笑语，为沉闷的生活注入了些许生机和乐趣。

第一次见到于伶，是他刚步出秦城监狱不久。让我惊叹的是这位年逾古稀、身陷囹圄达九年的老人，尽管十分瘦弱，佝偻着腰，步履沉缓，但他留给我的第一印象却是真诚的笑容和爽朗的笑声。直面这位我敬重的老革命、大作家，我有点紧张，一开始表现得拘谨和木讷，但在于老亲切随意的谈笑中，我很快就被吸引而融入。那天，他和我一起探讨了毛主席新近发表的那首直言“不许放屁”的“重上井冈山”的诗词，他谈古论今，鞭辟入里，对毛主席挥斥方遒的豪情和气魄赞赏有加，充满了对伟人的敬仰和热爱。我聆听着他那略带宜兴口音的普通话，身心完全沉浸在感动之中：一个刚刚挣脱极“左”路线的桎梏、从灾难的泥淖中获得新生的老革命，没有哀怨没有愤懑，甚至不愿意用一个字去提及自己所蒙受的苦难，这种气魄和品位，除了胸怀的宽阔、性格的豁达，我想更重要的是一种信仰，一份真诚。

和于老在一起是一种享受。他十分健谈，话锋机智，语言幽默，没有一点居高临下、倚老卖老的架势。听他一席谈，真的胜读十年书。于老毕业于北平大学，当过演员，做过导演，写过小说，编过剧本，又长期在文艺界担任领导，他博闻强识、多才多艺，而且记忆力特别好。提起一些早已烟消云散的发生在数十年前的人和事，他回忆之清晰、叙述之准确，仿佛就发生在昨天。尤其是聊起三四十年代的电影，于老可真是如数家珍，头头是道。影剧界的许多重要活动都是他组织或发起的，他亲眼见证了左翼电影的开创和发展，他坚守“孤岛”抗日救国，几乎熟悉每一个电影机构和每一位有点影响的电影人，至于那些大导演、大明星大多是他的朋友，他熟悉他们的性格、爱好、思想品格，乃至政治倾向、现实表现，谁是依靠的力量，谁是团结的对象，他清清楚楚，拿捏得很准。我曾经问过他为啥记忆力会这么好？他笑笑：“搞地下斗争，靠的就是脑袋瓜子。”

1981年，我调入上影参与筹备《上影画报》复刊。他听说后特地将我叫去，教我很多当记者做编辑的经验，特别叮嘱我一定要把好政治关、格调关。他说，不要小看一张照片、一篇短文，不弄清楚人物的来龙去脉，不掌握事情的真假优劣，就不能发表。他，作为上影的老领导，对上影的这本刊物特别留意、特别关照，每期都会认真仔细地看，并十分中肯地提出一些实实在在的意见。在我们开设了“影坛忆旧”这一类栏目后，他又特别提醒涉及三四十年代的人和事更要仔细研判论证，因为那时的情况太复杂。

为此，我们尊他为“编外编审”，凡是这一类稿件，都事先请他“预审”。他特别认真，乐此不疲，常常能发现谬误和瑕疵。对某一件事，他不仅能准确地说出发生的时间和地点、参加的人员，而且能把当时谁穿什么衣服、谁做什么动作都描绘得一清二楚。

于伶先生脑子里想的是大事，心中装的是国家。他被平反后，补发了一笔工资，他全交党费了。他和柏李阿姨体弱多病，身边无子女，根据政策，可以将在安徽农村插队的儿子调回来。开始他不同意，经组织说服后，他再三关照，在孩子的工作安排上决不搞特殊化，结果，回城的儿子进了钢铁厂，干的活最脏最累，比干农活还苦。

于伶先生是位值得崇敬和爱戴的老人，尽管他离我们而去已经二十多年了，但每逢11月16日我必定会念叨他，念叨他对中国电影所做的杰出贡献，念叨他蒙冤不颓、苦中作乐的生活态度，念叨他给我的教诲和帮助，念叨他 1988年为我申报高级职称所写的推荐信。我至今仍珍藏着这封信的原件，并以此寄托深深的怀念。

2011年1月

骏祥先生百年祭

2010年，是著名电影艺术家张骏祥先生100周年诞辰。尽管他老人家离开我们已经十多年了，可是他的音容笑貌依然那么清晰地留在我们记忆的屏幕上：高大俊朗的体魄、冷峻刚毅的形象、潇洒倜傥的风度、儒雅沉稳的做派、学贯中西的才识，永远令我们仰之弥高、肃然起敬。

我们怀念他、敬重他，不仅仅因为他是著名导演，又长期担任电影界的领导，而是他严于律己的人品、一丝不苟的艺德，以及充满理想又极其务实的行事风格。从清华园的普通学子到美国耶鲁大学的硕士，从“国立戏专”的教师到上海电影专科学校的校长；从文学爱好者到著名导演，从文化人到上海电影界的掌门人，作为艺术家、电影事业家、理论家、教育家，他在每一个领域建树颇多，贡献卓越，享有崇高的威望。如果用德高望重这四个字来形容他在电影界的地位，似乎还是不够的。

他的威望让我们这些后生晚辈敬而生畏，似乎谁都不敢轻易与他零距离接触。然而，他却主动给了我一次终生难忘的机会。

1984年，年逾古稀的他仍然担任着上海电影局局长，我呢，初出茅庐，刚出任他麾下的《上影画报》编辑部的副主任。一天，毫无思想准备的我突然接到他亲自打来的电话，我吓坏了，不知道发生了什么事，怀里像揣了一只小鹿，蹦跶得厉害。骏祥先生告诉我，中国戏剧出版社要编一套中国话剧艺术家传略，执意将他列入其中，并请他物色作者。他想让我担当这项任务，问我愿意不愿意。我一听，非但没有丝毫受宠若惊的感觉，反而紧张得手心都冒汗，浑身湿漉漉的。但我未加思索就接受了老局长的指令，我没有任何理由拒绝，尽管我担心自己无法胜任这个角色。战战兢兢中，我们约好第二天下午二时在他的寓所见面。他问我认不认识他家。我不认识，但我没说，不敢说。那天放下电话，我做的第一件事就是问清楚他的正确住址。夜里，我久久未能入睡，不断翻阅我能找到的有关骏祥先生的资料，梳理着他的人生轨迹，为明天的零距离接触做出各式各样的设计。

骏祥先生十分注重细节，时间观念特别强，有人提醒我，他拍戏时好些名演员都因为迟到而被他严厉批评。因此第二天吃完午饭，我早早就来到他寓所门口候着，二时一到我伸手按下了门铃。门旋即打开，骏祥先生满脸笑意地站在门口迎接我。此时我有点受宠若惊。当骏祥先生将一杯刚沏的热茶端到我面前时，我嗫嚅了，连一个谢字都说不出口。我无法相信眼前的这位和蔼可亲的老人就是平时十分威严的名导演、老局长。

更让我意想不到的是，他竟为我准备了一台用作采访的收录机。没有丁点客套，也没有些许寒暄，一坐定，骏祥先生就开始讲述他的家庭、他的生平，平平淡淡，实实在在。

这样的采访持续了好多次，开始我非常拘谨，不敢多问，更不敢细问。慢慢地，熟了，我也会提一些问题，骏祥先生也总是有问必答，但是，他更多的表述只是什么时间在什么地方做了什么事，轻描淡写，凡是涉及成绩和评价，他总是三言两语，一带而过。我若追问，他就说，那都是别人的溢美之词，不要当真。

为了能够比较完整客观地写好骏祥先生这部小传，我还走访了他当年在“戏专”的学生。这些比骏祥先生小不了几岁，如今都已是功成名就的艺术家，对骏祥先生的尊崇和钦佩，可以用五体投地这个成语来概括。他们记忆中留存的骏祥先生的许多让人肃然起敬的细节，无疑是勾勒骏祥先生形象的最生动的线条；遗憾的是，骏祥先生审阅我的初稿时，将所有在他看来有“溢美”之嫌的词句都删光了。我壮着胆子对他说，把这些都拿掉，就不好看了。他看了我一眼，笑笑说，不拿掉也不一定好看。记得那天最后定稿后，他送我一本他翻译的他在耶鲁的恩师狄恩教授的专著《导演艺术论》，对我说：“有时间，你可以翻翻。说句实话，我学过的好多东西还没有用过呢。”

骏祥先生这句看似不经意的独白，当时我并没有完全理解。今天再去回味再去琢磨，我愈加明白他为什么那么怀若虚竹，为什么能成为有如此威望的大师的所在。

活到老，学到老，做到老。这才是他一生的轨迹。

2010年7月

一代名家张骏祥
——曾经的耶鲁高才生

在中国老一辈电影导演中，张骏祥先生是为数极少的“海归”。他七十多年前就拥有的那张美国耶鲁大学戏剧研究院的硕士文凭，搁在今天一样稀罕，一样金灿灿、硬邦邦，掷地有声。

欧美名校的文凭一向是金字招牌，有人会恨不得将它贴在脸上。然而，当年，详细了解骏祥先生这段经历的人并不多，甚至与他共事多年的老同事只知道他在美国留过学，不清楚他曾经还是耶鲁的高才生。个中缘由，就是骏祥先生的谦冲自牧，学历文凭对他而言，只是见证了他的求学经过，记录了他对话剧艺术的深情挚爱。他当年远涉重洋负笈求学从未奢望靠它谋名获利，更不可能像眼下有些人，论文抄袭、学历造假，凭着不为人知的海外经历拼命为自己涂脂抹粉，欺世盗名。至于他的同事、朋友、学生，甚至观众，敬重他景仰他并深深地被他所折服，也绝不是因为他那段留洋的经历和那张名校耶鲁的硕士文凭，而是他的人品、艺品、作品，他的文学功底、理论素养、艺术造诣和杰出贡献。

1984年我曾经受中国话剧家传略丛书编者之邀采访过骏祥先生，谈起这段留学经历，他语气平淡委婉，没有丝毫的得意和渲染。

他告诉我，1936年他从清华大学考取公费留美，之所以会选择耶鲁戏剧研究院，一是自己酷爱文学艺术，对戏剧有着浓厚的兴趣，尤其对方兴未艾的话剧更是情有独钟，期盼自己的理想之树能根植于这块充满活力、有着广阔前景的艺术领地，而耶鲁的戏剧教学是世界一流的，自然对他有难以抵御的诱惑；二是他在清华西洋文学系的恩师王文显曾就读于耶鲁大学戏剧研究院，先生极力鼓励爱徒前往自己的母校深造，并将他推荐给自己的老师亚历山大·狄恩。

骏祥先生如愿来到耶鲁大学，按理，他完全可以根据自己的喜好和特长，选择攻读编剧或者导演专业的硕士学位，但是他经过深思熟虑，果断地放弃了这样的选择。因为，他深知话剧是门综合艺术，要让刚起步不久的中国话剧尽快在一片蛮荒之地开垦出属于自己的沃土良田，仅仅靠一个学位一张文凭，其作用微不足道，靠一个或几个编剧或导演也绝对成不了气候；重要的途径是掌握和引进西方先进的理论和技术，培养造就各种专业团队、各种专门人才，包括剧场建设、舞台设计、舞台灯光、布景制作，等等，缺一不行。他决定不读学位，而是全方位地去学习掌握有关编导，舞美、灯光设计制作等多方面的艺术、技术及知识技能，从理论和实践的结合上丰富提高自己的综合素质和技能水平。他的这一决定，令老师同学都不能理解，同去留学的中国学生更感到不可思议，在崇洋媚外的20世纪30年代，放弃学位和文凭就意味着放弃自己的前途和幸福，代价会是很惨重的。但骏祥先生义无反顾，坚定不移，他起早摸黑、废寝忘食，以加倍的努力和勤奋投入了紧张的学习；就连布景制作中的木工、漆工这样的粗活碎活也不放过。

三年后，骏祥先生以门门学科都优秀的成绩结束了耶鲁的学业。面对这么一位有抱负，肯吃苦，好学习、有丰富理论素养和扎实基本功的年轻人，耶鲁的老师感动了，学校董事会也被深深感染了，他们打破常规，特别批准向这位令人敬佩的中国小伙子颁发艺术硕士学位证书。

学业完成了，文凭到手了，何去何从摆在每一个留学生面前。此时的中国，正遭受日本侵略者的蹂躏，烽火硝烟弥漫在神州大地，国破家散，民不聊生，到处水深火热。骏祥先生可以找出许多理由像其他留学生一样留在美国，凭借那张耶鲁的硕士文凭筹划另一种人生；但他坚定地钟情于自己的祖国和执着迷恋的话剧事业，全然不顾个人的得失，毅然决然回到遍体鳞伤的上海。在目睹进步话剧舞台一片凋零肃杀之后，他又风尘仆仆、转辗千里赶到迁徙于四川江安的“国立戏专”从事教学工作。在缺粮少电、屋简室陋的艰苦环境中，他以严谨的近乎苛刻的作风言传身教，带出了刘厚生、任德耀、谢晋、黄祖模等一批日后中国影剧界的栋梁之材。那些日子，他把满腔的爱国之情都凝聚在自己的笔端，常常熬夜守更、通宵达旦地倾心创作，编写了《山城故事》《小城故事》《边城故事》《万世师表》《美国总统号》等话剧剧本，翻译了《好望号》《审判日》《富贵浮云》《林肯在伊利诺伊州》等欧美话剧名著，还导演了《蜕变》《北京人》《安魂曲》《罗密欧和朱丽叶》《牛郎织女》《大渡河》等经典话剧。骏祥先生所迸发的才气，远不是一张文凭所能涵盖的。没有当初在耶鲁的选择，没有全方位地涉猎话剧艺术，仅仅为了学位和文凭，就不可能有如此扎实的功底和深厚的造诣，就很难实现他的梦想。

正是基于这样的功底和造诣，骏祥先生在他的艺术天地如鱼得水，游刃有余。抗战胜利后，他顺利地完成了从话剧到电影的转换，随后又沐浴新中国的阳光，成长为中国电影界不可多得的集艺术家、教育家、理论家、翻译家、事业家于一身的名家、大家。作为导演，他留下了《还乡日记》《翠岗红旗》《白求恩大夫》《燎原》《大泽龙蛇》等经典名片，并创作了《胜利重逢》《鸡毛信》等电影剧本；在电影理论方面他也颇多建树，出版了论文集《关于电影的特殊表现手段》《影事琐议》和系统介绍亚历山大·狄恩的论文集《导演艺术基础》，还参与主编了《中国电影大词典》；20世纪60年代，他参与创建上海电影专科学校并亲任校长，培养了于本正、李歇浦、达式常、朱曼芳等一大批电影专业人才，为上海电影薪火相传、继往开来提供了有力保证；他长期担任上海电影制片厂、上海电影制片公司、上海电影局、中央电影局的主要领导，呕心沥血，运筹帷幄，为中国电影事业的繁荣和发展做出了不可磨灭的贡献。

2010年，是骏祥先生100周年诞辰。寻觅他的足迹，他留下的是枝繁叶茂的理想之树、璀璨多彩的艺术人生。这一切都始于当年的耶鲁之旅。七十多年前他所得到的那张耶鲁文凭给了他开启艺术殿堂的钥匙，而“坚韧执着，认真刻苦，精益求精，永无止境”这十六个大字书写了他的人生丰碑。

2010年9月

我身后有这样一座“泰山”

——纪念岳父张友良100周年诞辰

1968年3月19日。一个阴霾密布、春寒料峭的日子。上海海燕电影制片厂，这座曾经明星荟萃、佳片迭出、充满艺术气息的电影花园，被笼罩在一片肃杀凝重的氛围中，那些原本用来拍摄影片的摄影棚，如今成了羁押、批斗所谓的牛鬼蛇神和“文艺黑线人物”的秘密场所，充斥着造反战士声嘶力竭的嚎叫和惨无人道的血腥蹂躏。突然四号棚的屋顶上出现了一个身影，他衣衫不整、满脸憔悴，惊恐地张望着，那神情写满了绝望和恐怖。听不清他嘴里念叨着什么，也许是对无情迫害的控诉，也许是对生命的眷恋，也许……在众人一片惊愕的目光中，他一个踉跄，像一片孤立无助的落叶，顺着屋檐飘然而下，重重地摔在这块他曾经辛勤耕耘了近二十年的土地上，他那瘦弱的躯体蜷缩着，构成一个大大的问号。这问号直指苍天，面向众生，留下的是愤慨、悲怆和控诉。

他，一介书生，生性矜持儒雅，可是为了捍卫尊严和人格，将自己人生的最后一个镜头定格在52岁。他离开了人世，但他并没有得到解脱，造反派将他的抗争视作“自绝于人民”，给他戴上“畏罪自杀”的帽子，扬言要“踏上一只脚，永世不得翻身”。他们残忍地拒绝家属与之见上最后一面，不许收尸火化，还侵吞了他的英纳格手表和派克钢笔，私自处理了他的骨灰。时至今日，无人知晓他身在何处，这成了家人永远的痛！

他，就是我的岳父、时任上海海燕电影制片厂副厂长的张友良。

一

我没有见过我的岳父，从没有在他的生活中出现过；可是我的生活中，他经常出现，尤其是在上影工作的三十多年里，我始终觉得他就在我身边。亲朋的娓娓叙说，战友的深情缅怀，同事的真诚回忆，以及各种报刊史料的真实记载，都鲜活逼真地呈现了他的音容笑貌、秉性特质、喜好习惯，以及历经坎坷的革命经历、演艺生涯。他是可敬的前辈，他是可亲的长者，他是可爱的影剧人。

第一次走近岳父，是在1978年上海市电影局为其召开的平反昭雪的大会上。当强加于他的一切罪名和不实之词被剥弃之后，我倏然觉得饱含十年冤屈的他，又堂堂正正清清白白地站了起来，从地狱回到了人间。一份简单的生平，让我第一次和他有了亲密接触。一位在抗日战争的烽火中，转战“八千里路云和月”、风餐露宿，用燃烧的青春伸张民族大义、反对外来侵略的抗敌演剧队的进步青年；一名在国民党反动统治“黑云压城城欲摧”的艰难岁月，不惧白色恐怖，紧跟共产党，用舞台为人民鼓与呼的新中国剧社的坚强战士；一个热爱电影、富有艺术造诣和组织才能的上海电影界的优秀领导。这些角色，融为一体，在我心中勾勒了岳父张友良的形象。我视岳父为泰山，我仰之弥高。

二

岳父平反昭雪后，因为落实相关政策，我于1981年被调入上海电影制片厂。记得，第一次跨进上影这座无数人梦寐以求的艺术殿堂的大门时，我觉得自己像做梦一样，心头漾起难以名状的荣耀和自豪。然而，这种感觉很快就稍纵即逝，我突然强烈地意识到我人生的这一步是岳父用生命换来的呀！心一下子被收紧了，一股痛感衍化在我胸间，咬啮着我。我默默地注视着四周，仿佛感到有一双明亮的慈祥的眼睛在注视着我，那不就是冥冥之中的岳父吗？那目光闪烁着殷切的期望，包含着深情的嘱托。我感受到一种沉甸甸的责任：在岳父曾经工作过生活过的上影，我不能懈怠，不能有闪失，不能为他老人家抹黑！我要为他争气，告慰他的在天之灵。

三十多年过去了，岳父一直以精神教父的形象，引导着我，影响着我，鞭策着我。在上影老同志面前，我始终享用着“张友良的女婿”这样的称号。这些和我岳父共过事的父辈，关心我，爱护我，常常给我讲述岳父的一些往事逸闻，让我不断走近他，熟悉他，不断被他的精神所感动。我刚到上影文学部上班不久，老编辑林朴晔就找到我，他自称和我岳父是抗日演剧九队的老战友。林先生告诉我，岳父比他年长，生于1916年，1938年6月在武昌加入了抗日演剧九队。他出身大户人家，自幼受过严格的家教，中学读的是名校长沙广益中学（李立三、柳直荀、欧阳予倩、朱镕基等都是该校毕业生），若不是父亲英年早逝、家道中落，他早就完成学业，实现他深藏心头的“读书救国”的梦想了。他是带着他的梦想投身于抗日洪流的；他十分清楚，在大敌当前、国无宁日、民不聊生之时，抗日救国是第一位的，只有把日本鬼子赶出去，他才能安安稳稳地去读书，去深造，去圆梦。因此他是带着相关学业的教科书来到演剧队的。刚进演剧队，他不谙歌舞，又不擅表演，但他知书识礼，有美术基础，会写美术字，又勤奋好学，在肩负宣传鼓动的演剧队活动中可派上了大用场。演剧队的生活是紧张而艰苦的，食无定时，居无定所，行无车船，常常背着行李、饿着肚子，靠两条腿转战湘鄂桂之间。夏天蚊虫嗜血，冬日冰雪浸骨。但是凭着一腔热血、一股激情，这些年轻人日晒雨淋，风餐露宿，含辛茹苦，在党的指引下，行程万里，讴歌抗日，播撒火种。岳父正是在这血与火的锤淬中不断进步，学业固然是荒废了，但政治和艺术上的成熟，使谦逊好学的他成长为演剧九队的中坚力量，显示出良好的组织才能。林先生在讲述这些经历时，并不忌讳他和我岳父这样的文艺青年总有一股“书生意气，挥斥方遒，激扬文字，指点江山”的情怀和气概，对街头剧、活报剧这些常见的比较通俗简单的艺术样式有一种不满足感。他们渴望舞台，向往艺术，期盼驰骋于更大的艺术天地。

我看着面前这位文质彬彬、身材瘦弱的老先生，似乎很难将他和抗日老战士联系起来。然而当他如数家珍地将这段充满传奇的经历告诉我后，我被他们的家国情怀深深地打动和感染了。透过他，我似乎捕捉到了我岳父的身影和那代抗日文艺战士的群像。他们在国难当头、民族存亡的历史时刻，以天下为己任，背井离乡，抛家弃眷，以文艺为武器，深入前线，宣传抗日，虽然没有做出惊天动地的辉煌之举，但他们的精神同样可歌可泣。站在他们面前，我们汗颜，曾被我们这一代人耿耿于怀的上山下乡的那段经历又算得了什么呢？

三

在演剧队待了两年多，岳父决定离开，但是他没有离开革命的文艺队伍，他的胸膛里依然燃烧着“天下兴亡匹夫有责”的烈焰，期待自己发挥更大的作用。1941年10月，岳父参加了新中国剧社的组建，并在这个由周恩来亲自领导、田汉和洪深培育支持、杜宣直接负责的演艺队伍中奋斗了近六年。1983年我采访高博和梁明老师时，作为岳父当年新中国剧社的战友，他们深情回忆了和岳父一起度过的那些难忘的岁月。他们说，新中国剧社名义上是民间职业剧团，实际上是党领导的革命文艺团体。剧社的存在，一方面是为了应对复杂多变的政局，集聚散落在西南后方的进步文艺界人士和参与抗日救亡的年轻人，以落实党制定的“长期隐蔽，积蓄力量，以待时机”的方针；另一方面，在党的领导下，继续组织演出进步话剧，创作革命歌曲，针砭时弊，唤醒民众，发挥革命文艺无可替代的作用。剧社就像一个大家庭，互相之间都没有雇佣关系，尽管荟萃了许多造诣深厚、知名度很高的艺术家，像石联星、叶璐茜、瞿白音、严恭等，但因为家底薄又没有固定的经费来源，因此生活十分艰难。后台的地铺是大家的“宿舍”，一日三餐即便是粗茶淡饭也常常出现断炊的窘境，有时八个人用餐只能共享一块豆腐乳，谈剧本时连泡壶茶都很困难，往往一壶茶能喝上几天，对付几拨人，被大伙戏称为“接班茶”。至于排戏，更是捉襟见肘，只能因陋就简自己动手，布景自己搭，服装自己缝，道具自己做……有一次在湘潭排演古装戏《海国英雄》，需要的服装量很大，即便自己做，也没钱买足够的布。无奈，岳父出面找到自己熟识的一位布业公会的理事长，好说歹说用戏票冲抵布款，总算解决了这个难题，保证了这出戏的演出。在那段艰苦的岁月里，条件这么差，生活这么苦，但这些志趣相投的文艺战士甘当革命的志愿者，不计报酬，不讲条件，六年中竟然排演了48台大戏，而且都是弘扬正能量的进步剧。这是一种什么精神？除了敬佩，我无言。谈到岳父，剧社的老同志交口称赞，给出的评价是聪明、勤奋、能干、谦和。他不仅参与剧社的组建和管理，而且还担当舞台灯光和舞台美术的设计，也做过导演和舞台监督。每次到新的地方，他总是打前站，先找到剧场，再就近安排剧社的落脚点。在他看来，有了剧场就有了阵地，就可以有所作为。他怀着初心，在环境的历练和艺术的熏陶中，逐渐成长为一位懂艺术、善管理、有能力、肯吃苦的组织者和管理者。这为他日后从事电影制片和电影事业管理打下了坚实的基础。

四

在极其艰难的六年里，岳父为了追求光明和进步，怀着梦想和满腔热血，承受苦难和艰险，把自己最宝贵的年华献给了新中国剧社，而新中国剧社也助他收获了最珍贵的爱情。1946年，在风雨如磐的日子里，为了开辟新的阵地，寻求新的生机，新中国剧社决定排演《郑成功》《桃花扇》《茶花女》《牛郎织女》

等几部大戏，去台湾演出。为了充实演员阵容，特地去当时的“国立戏专”挑选一些学生加盟，正在表演系学习、日后成为我岳母的吕薇有幸入选，在《茶花女》和《牛郎织女》中扮演女主角。于是，在朝夕相处、同甘共苦的日子里，张友良和吕薇从相识、相知到相恋，共同的理想和追求，将两颗心紧紧地拴在了一起。岳母曾经告诉我，那次赴台演出遇到的困难很多，几十口人、上百件行李转战千里，交通又极不方便，车船劳顿，一路颠簸，打前站的总是我岳父。为同志们安排食宿，为剧团寻找场地，为演出排忧解难，他风尘仆仆、任劳任怨，难事苦活都带头扛着。他身兼数职，夙兴夜寐，人前人后、台上台下，总能见到他忙碌的身影。尤其在台湾，人生地疏，遇到的难事更多，岳父义不容辞地担当重任，到处找关系，四下推演出，还亲自担任导演、灯光、服装和舞台设计，是剧社公认的“全才”；但是他待人和善、性格温和，处事谦逊，从不显山露水，居功自傲。他出众的才能和良好的秉性、素养，给岳母留下了深刻的印象。

新中国剧社的这次赴台演出，是有历史记载以来，海峡两岸重要的文化交流活动，遗憾的是由于1947年爆发了“二·二八事件”，演出被迫中断，他们回到了上海，度过了一段异常艰难的日子。正是经历了风霜雨雪的考验，他们的爱情瓜熟蒂落，纵然两手空空，没有婚房，没有嫁妆，没有一件像样的衣裳，但是他们义无反顾地结合了。婚礼虽然没有奢华的排场，但嘉宾纷至、高朋满座，场面喜庆热烈，成了上海文艺界的一次聚会。欧阳予倩和熊佛西为他们证婚，阳翰笙、田汉、于伶、洪深等文艺战线地下党的领导、徐桑楚、杜宣等演剧队、新中国剧社的战友以及影剧界的一些知名人士都见证了他们一生中最幸福的时刻。

遗憾的是，岳母和岳父在一起仅仅生活了二十年。这二十年，他们同在上影工作，岳父从制片主任干起，一直到当上上海海燕电影制片厂副厂长。《南岛风云》《林则徐》《聂耳》《枯木逢春》《李双双》等名片佳作，都融含着他的心血和汗水。作为“上戏”表演系毕业、曾经有过明星梦的岳母为了支持丈夫的工作，放弃了自己的专业，当场记、做副导演，先后参与了《庐山恋》《张衡》《最后的选择》《少年犯》等十多部影片的拍摄，一辈子默默无闻、甘当绿叶。这二十年，他们努力工作，快乐生活，一家人共同享受着美满和幸福。然而，“文革”的恶魔，无情地打碎了平静而幸福的生活，不仅残忍地剥夺了终身向往光明、追求进步的岳父生存的权利，也让岳母和整个家庭长时间被噩梦所笼罩，背着黑锅生存在阴影之中。那是一场罄竹难书的罪恶，是一笔无法偿还的掠夺！岳母承受这样的精神摧残需要多大的毅力。1997年，73岁的岳母也离开了我们，遵照她的遗嘱，她的骨灰被撒入了大海。我们无法猜度岳母此举的初衷，也许是因为她不知道自己深爱的友良身在何方，她要随风漂流，去寻觅，在海的那边，有爱，有梦，有刻骨铭心的点点滴滴。

五

也许是历史的巧合，也许是得益于岳父榜样的力量，从1996年起，我也步入上影的领导岗位，成为主管生产的副总。履职期间，好多老同志都给我讲述当年岳父是怎么管生产的。我牢牢记住了，也努力实践了。我以为自己还干得不错，但我不清楚在天之灵的岳父满意不满意？

我无法寻找答案，我只能庆幸我身后有这么一座“泰山”，一百年了，他的一生铸就了我心中的丰碑，高高矗立着。

2017年5月

他是名副其实的好演员

在电影成为亿万观众最追捧最喜欢的文艺样式的年代，演员“一部戏成名，三部戏吃一辈子”的现象不是个例。同样，一辈子勤勤恳恳投身艺术、扮演过上百个角色的演员，最终连个高知的资格都没轮上的，也不在少数。冯奇老师当属后者。

冯奇老师的艺术生涯，起点在1939年，那时他才15岁，中国还笼罩在“风雨如磐”的黑暗中，他完全可以选择很多路去改变自己的命运、创造衣食无忧的生活，可他偏偏迷上了好男不齿的“戏子”，而且初衷不变、痴心不改，即便遭受磨难和挫折，依然坚定执着地寻求自己的艺术梦想，转战舞台银幕长达半个多世纪。再翻一下他的艺术档案，他参演的电影竟有近百部，数量之多，令许多同行只能望其项背。至于他的艺术造诣、表演功底则完全可以用“正反都擅，庄谐皆宜，神情毕肖”十二字来概括。他能将《铁道游击队》《舞台姐妹》《长虹号起义》等影片中的游击队员、解放军干部、地下党等正面角色塑造成观众心中已经描摹了无数遍的真实形象，也能把《红色娘子军》《阿诗玛》中的恶霸坏蛋演得栩栩如生，让观众义愤填膺、恨得咬牙切齿。我们不想对冯奇饰演的角色一一作详尽的评析，也不可能从众多导演口中去探究当年他们挑选冯奇的缘由；但有一点可以肯定：这位演技高超的演员是一位低调、真诚、不计较名利的合作者。正因为如此，他有求必应，成人之美，得到了很多机会，也失去了当红扬名的可能，被久久地定位为扶持红花的绿叶。自然，在50年代，绿叶难有资格进入高知的行列，他演得再多再好也无济于事。随后，因为职称评定的中止，他也泯灭了那份奢想。到了1988年职称评定又恢复了，可他早在四年前就光荣退休，彻底失去了参评的资格。尽管他还隔三岔五出现在银幕上，继续为一个个比他艺龄少得多的“小字辈”添色加彩，但没有任何特殊的礼遇，他只能像普通的退休员工那样过着极其普通的日子。钱，他一辈子没有稀罕过，他最祈求的是年老多病时，能享受到许多同辈人都在享受的待遇。但，在等级壁垒面前，这不可能。类似他这样遭遇的人，电影厂有一拨子。难怪他的徒弟——都成了“高知”的著名剪辑师蓝为洁常常为此鸣不平，甚至身上揣着80年代的退休证，以证明她当年的退休工资只有74元。

我和冯奇有过多次接触，他是一个不讲怪话没有牢骚的人，虽然别人常为他抱屈，但他“怀若竹虚”，目光真诚友善，说话慢条斯理，一口纯正的普通话透逸出地道的北京味，偶尔让他亮上两嗓子京剧，那可是字正腔圆，韵味儿十足。冯老先生的儿子冯若石在上影干了几十年，退休时只是个摄影助理。我想老先生倘若使点招，卖个老脸，冯若石怎么说也不至于只有“助理”这个份。说心里话我特别尊重这些人，他们有骨气、顾大局，有着一份尊严，不会在名利地位上争多嫌少、得陇望蜀。可是，公家的事、组织的活，他们总是有请必到，而且啥也不图。这些年，上海电影家协会没少麻烦冯奇老师，他从不推诿，即便因病坐上轮椅后，他还是有求必应。前年，“影协”

和上海武警总部某连队举行老演员和小战士一对一结对子活动，年近九旬的冯老爷子坐着轮椅去了部队，我既感动又内疚，甚至责怪负责该活动的同志太“残忍”；可冯老师自始至终一脸阳光，笑容灿烂，尽管说话口齿有点不清，但他很开心很满足，始终沉浸在被“儿孙”簇拥的骄傲和喜悦中。

如今，冯老师离开了我们，电影界失去了一位忠诚于艺术的老同志，上海电影家协会也少了一张很有分量的名片，一种怅然若失的悲痛爬上了我们的心头，更令我遗憾的是，因为一次无法推却的会议，我竟没能为他送行。我只能默默为他祈祷，愿你在遥远的天国不再有任何烦恼和痛苦，愿他还是一位受人尊崇的名角。

2012年4月

“小赵丹”黄达亮

黄达亮突发心脏病猝然去世的消息，第一时间我是从微信中发现的。当时，看到这一行字，我猛吃一惊，旋即一丝侥幸爬上我的心头——肯定是搞错了或者是恶作剧。缘由有二：一是运动员出身的黄达亮身材健硕，即便是年已古稀，依然身板硬朗、体态匀称，从未听说他有过心脏病；二是一星期前，上影演员剧团举行建团60周年纪念活动，他来了，带着那张留着小胡子的笑脸，热情地和老少爷们打着招呼。他话不多，但内心的真诚全写在脸上。当有人拽着他，开玩笑地问他怎么这么年轻，吃了什么灵丹妙药？他呵呵地笑着，摇了摇头："老了，老了——"平心说，在原上海电影专科学校的同学中，他身上很少"古稀"的特征，死亡离他应该很远很远。然而，当我拨通了演员剧团团长崔杰的手机后，我的侥幸被击得粉碎。我悲痛，我困惑，我感叹上苍的不公，我悲悯生命的脆弱，我诅咒那个黑色的夜晚。崔杰用低沉的声音简单地叙说了那病魔肆虐的短短几分钟，末了，他哽咽着说："这么善良厚道的好人就这么走了……"声音低沉，像铅一样坠入我的心底。

生活中的黄达亮真是个好丈夫、好爸爸，实实在在，对妻女体贴入微。我和他曾经在同一座大楼同一个楼面生活过，虽然他们一家三口住的是单居室，显得过于逼仄，但夫妇恩爱、家庭和睦，拓展了他们的生活空间。达亮是位不错的演员，片约接二连三，经常出外景，他妻子忙里忙外，毫无怨言。谁料，病魔偏偏找上门，给达亮的妻子带来了不小的麻烦。达亮立马退掉片约，陪伴重病的妻子和生命抗争，终于用他的真诚将妻子从死亡线上拉了回来。就是这么一位心慈肠柔的好男人，上了银幕却完全换了副面貌，一副凶神恶煞的造型。这么多年，他演的大多是反派是坏蛋，特务头子、黑帮老大、杀手、流氓，阴险残毒，暴戾凶狠，虽然不是绝对主角，但一招一式、一言一笑，神情毕肖，给人留下清晰的印记。三十年过去了，他演的电视剧《玫瑰香奇案》依然会引发众多观众的热议，至于《情深深雨濛濛》里的秦五爷，更成为经典留在了观众的口碑中。其实，黄达亮的形象和气质，完全可以胜任任何正面人物。当年，他从上海电影专科学校表演系毕业分到上影，许多人都称他为“小赵丹”,《青山恋》崭露头角就展现了他非同一般的演技和悟性，如果不是“文革”的萧瑟，他早就成名了。这么一位帅哥能演成那么多反角，靠的也是悟性和演技。他那双眼睛，眼睑一耷拉，或阴鸷奸险，或刁钻蛮横，有时上嘴唇再黏上一撮小胡子，那就“坏相必显”了。当然，仅靠外形，千篇一律，就成了套路。达亮能把握不同的角色，在神似上下功夫，在细节上做文章，把时代感、人物身份和个性特征融合在一体，演一个是一个，演一个成一个，显示了他良好的职业素养和技能水平。

黄达亮魁伟强健的体魄是运动场上滚出来的。从中学开始，他就特别喜欢田径运动中的投掷项目，据说还得过上海中学生运动会的铅球冠军。80年代初，上海电影局举行第一届运动会，我凭着一身蛮力，报名参加铅球投掷，与达亮“狭路相逢”。我是“自学成才”，拼的是力气，人家是训练有素，玩的是技巧，结果相互过招，在十三米和十四米里你来我往，争夺煞是激烈，最终，他“技高一筹”，以微弱的优势，夺走了冠军的奖牌。记得，颁完奖后，他笑着对我说，你只要把握好动作要领，冠军肯定是你的。我说：“好呀，有机会，咱们再比试比试。”谁料，这样的机会永远不会再有了。

达亮走了，但无论他走得多远，他的身影不会离开我们的视野，他的笑脸像那天边的星星，还是那么明亮，那么灿烂。

2013年12月

小孟走了

原上影厂副厂长孟森辉小孟走了，走得很突然，给我们留下难以言表的哀痛和悲悯。刚刚迈过70岁的大门，刚刚开始含饴弄孙的平静生活，身体一向敦实健硕的他怎么就走了呢？我感喟苍天的不公，诅咒病魔的无情。

孟森辉比我大，称他小孟有点不恭；但相识三十多年，我就是这么称呼他的，叫惯了叫顺了，改也难。按时下的风气，他当过上影厂副厂长，自然就应该称他为孟厂长，但我要真这么叫他，他一定会觉得刺耳，不自在。我清楚地记得，在那并不遥远的年代，在上影，无论是搞艺术的还是当木工的，也不管你担任什么样的职务，彼此都习惯于直呼其名。那种毫无矫饰的尊重要比今天时兴的直呼其职要亲切得多。

我想，也许正是这种浓郁的平等亲和的氛围，上影的传统和作风才代代传承，发扬光大，才能成就了上影20世纪80年代的辉煌，成就了一批年轻人的艺术梦想。孟森辉是“小字辈”中的佼佼者，他依靠自己的创作实力和严肃认真的工作作风，不仅成了文学部的当家人，继而又出任上影主管文学的副厂长。他非但参与创作了《蓝色档案》《东港谍影》《燕归来》《蓝光闪过之后》等多部好作品，还组织策划了许多经典之作，和文学部的同人们一起挖掘并扶持了一批来自全国各地的年轻人，《喜盈门》的作者辛显令、《咱们村的退伍兵》的作者袁学强、《秦川情》的作者郑彦英、《泉水叮咚》的作者吴建新、《高山下的花环》的作者李存葆，等等，都是那个时代在上影文学部叩开电影文学的大门的。那时的文学部，是电影文学人才荟萃之地，藏龙卧虎，生机盎然。每天夜晚，这里灯火通明，上影的导演都喜欢来这里串门子，寻作者，找题材，谈设想。简陋的招待所里，经常能发现鲁彦周、李準、张贤亮等文坛大家的身影，也不断看到怀揣电影梦、在这里蹒跚学步的年轻人。他们不论职位不计资历，每人一间普通房，一张硬板床，一个热水瓶，两个搪瓷碗，一叠方格纸，粗茶淡饭，夜以继日，几个月就能构建出一部部好电影的文学框架。他们的成功除却自身的才气和素养外，也倾注着编辑的心血和才情，当然离不开小孟这些组织者的决断和栽培。试想，一年要拿出二三十个剧本，还得参加近二十部影片的审查，像小孟这样身份的人没法消停没法安稳，每天忙得像陀螺似的。可贵的是他们“为他人作嫁衣”，“为伊消得人憔悴”，没名没利，牺牲的是自己的青春，点燃的是他人的辉煌，水银灯下、领奖台上永远找不到他们的身影。尤其是小孟这样的专业干部，自身是编剧，正值出作品的黄金年代，但每天在为别人做事，若没有一点胸怀怎能做到。那段时间，我担任《上影画报》的主编，办公地点就在文学部大院里，亲眼见证了文学部鸿儒往来的兴旺和挑灯夜战的繁忙，也经常与小孟擦肩而过。他总是行色匆匆，双眉紧锁，布满倦色的脸上悬挂着沉重。

小孟秉性耿直，脾气率真，行事低调，做人朴实。他不苟言笑，但内心丰富，对人对事有着自己独特的主见。他处理事情不讲人情不看面子不问来头，尤其是在创作上，无论是讨论剧本还是审查样片，他人前身后一个样，有啥说啥，不遮遮掩掩躲躲闪闪吞吞吐吐，巷子里扛木头直来直去，喜欢开门见山，讲究一针见血。难怪，每次开艺委会，大伙总希望他第一个发言。我敬佩他的这种做派：堂堂正正，实实在在，做领导抓创作就得有这股子顶真劲。当然这么做，有时也会给人带来不快，被人说这说那，但这些没法改变小孟的性格，让他违心说好话。

如今，他能做的全做了，该享受的却没享受，就匆匆地走了，这是我们无法接受的；然而于他，或许是一次新生，因为他可以和他的妻子团圆了。他的那一半已经等了他二十多年。如果真能这样，不！一定是这样。我在心中默默地为他祈祷。

2014年6月

怀念石方禹先生

方禹先生走了，在那雪花飘飘、寒风嗖嗖、京城一片素色的日子里。

他走得悄声无息，似乎一点动静都没有。噩耗传来，一切早已结束，我们这些曾经在他麾下工作过的后生晚辈，连发个唁电、送束鲜花的机会都没有了。是他不愿意惊扰别人，悄悄地找个永远安静的地方写他的诗歌和评论去了？还是他离开喧腾的娱乐圈太久又不愿意割弃文人的清高，人们有意无意地淡化了他，甚至忘记了他？一连好几个晚上，我辗转反侧，眼前不时地晃动着他的身影……

我们不该淡化他，也无法忘记他。五十多年前，他饱蘸才思和激情挥就的政治抒情诗《和平的最强音》曾轰动年轻共和国的诗坛；他精心创作的电影剧本《天罗地网》和《小足球队》在电影画廊里留下了永久的形象；他主政上影文学部时诞生的电影《苦恼人的笑》《小街》《从奴隶到将军》《天云山传奇》《喜盈门》《牧马人》等优秀电影成了国产电影精品佳作而影响着一代又一代人；他撰写的《李双双的文学构思》《关于当前电影创作的几个问题》《创作自由之我见》等理论文章，犀利、坦诚、直率，字里行间跳跃着对电影的拳拳之心，闪烁着一个有责任的艺术家的思想火花，迸发出深厚的理论和文学功底。1982年他奉命赴京，担任文化部电影局局长，面对各种思潮、观念、流派犬牙交错的局面，他牢牢把握党的文艺路线、方针，尊重艺术家的个性和创造力，遵循艺术创作的客观规律，为人民鼓与呼，一批优秀艺术家和优秀电影应运而生，营造了新中国电影的第二次高潮。他为中国电影操劳了一辈子，奋斗了一辈子，留下了平实而闪光的足迹，他的所作所为为他的一生作了最贴切最具体的诠释。

纷乱的雨丝犹如那纷至沓来的离情别绪，我深陷在对他的思念中。

我是1981年认识方禹先生的。那年11月，我从外地调回上海，进了上海电影制片厂。上影是许多年轻人心驰神往的艺术殿堂，是梦的港湾；可一旦真的走进了这座神秘的梦工厂，心里忐忑不安，足下战战兢兢。尽管自己学的是中文，但我深知我这丁点儿墨水融入这深不可测的艺海里，太渺小太微不足道了。因此，当组织部门的领导征询我对工作的安排有什么想法时，我不假思索地表露了自己的选择：“进字幕车间”。因为我自幼喜好书法，数十年从未辍笔，如果能为电影题片头、写字幕，我心满意足。可这位管组织人事的同志面露难色地告诉我，写字幕属于工人编制，你是干部，能不能去要请示领导。当时我有点儿疑惑：“会书法的人怎么是工人？”

很快，我被厂领导找去了，他就是当时担任上影厂副厂长兼文学部主任的石方禹先生，他穿着合身挺括的中山装，头发一丝不乱，由前向后整齐划一，留出饱满而发亮的天庭，一副深色玳瑁眼镜、灼灼犀利的目光平添了厚重的文人气质。我的第一感觉是，他精干、洒脱、睿智，是一位非常注重仪表又带有一丝洋气的知识分子。方禹先生一边为我沏茶一边打量着我。他的目光直直的、亮亮的，很锋利，我有些局促不安。然而，当他亮出他那带着浓重福建口音的普通话后，那种亲切、那股真诚，让我感到他是一位值得信赖的长者。他告诉我：“你是干部编制，不适合去字幕车间。你学的是中文，应该去从事文字工作。我看了你的材料，你有很好的写作能力和汉语专业水平，完全可以胜任编辑这份工作。”当我吐露了自己的担心和疑虑后，他大声地笑了笑，直言不讳地对我说：“你别以为我们这儿的文学编辑，个个都是高手，他们中好些人都是半路出家，从别的行当转过来的，真正学中文的不多。凭我的经验，你肯定行！至于你喜欢写字，我看可以作为终身爱好，不要放弃，将来为影片题片名的机会还是存在的。”方禹先生的一席话确实说得我心里暖洋洋、喜滋滋的，能在电影厂当编辑自然曾经是我可望而不可即的梦。没想到，末了，方禹先生话锋一转，说道：“你的工作安排必须由党委会讨论决定，因此你最好能在最快的时间里写两篇文章供讨论时用。一篇是记叙文，写马路见闻，四百字左右；一篇是散文，写你最熟悉最敬重的一位艺术家或老师，六百字左右。最好，明天上午交给我。”

这是一次事关终身的考验，我的心又一次悬了。因为我面对的是一位20世纪40年代燕京大学的高才生、曾经当过《大公报》、香港《文汇报》和《北京周刊》记者编辑的“老法师”，我真的能过得了他那挑剔的“法眼”吗？方禹先生似乎看到了我的内心，一个劲儿地鼓励我：“不要患得患失，放开来写！”

告别方禹先生回家后，我立即闭门关窗，排除一切干扰，使出浑身解数，投入了“创作”。

为了显示自己的水平，我花了半天工夫，赶在当天晚饭前就写完了两篇文章，并送到了方禹先生的手中。值得庆幸的是，他看了文章后，几乎连一个标点符号都未改，给了“非常满意”的评价。

很快，党委会讨论同意我作为编辑参加《上影画报》复刊筹备工作。就这样，我从当编辑到副主编、主编……直到担任电影集团副总裁，不仅监制了二百多部影片，还真的为多部影视剧题了片名，做成了许多我曾经做梦都没有想到的事。这一切，都源自于方禹先生的关爱和提携。尽管，在《上影画报》复刊后的第二年，作为兼任主编的他便调职北京，出任文化部电影局局长；但每次见到他，他都会嘘寒问暖，为《上影画报》的内容和风格提一些很具体的要求和希望，关照我，叮嘱我，鼓励我，把各项工作做得更好。特别让我感动的是，每当我取得一点进步，他为我高兴为我庆贺，同时又语重心长地提醒我不要骄傲不要满足，要尊重老同志，学会调动每一个人的积极性。

我最后一次见方禹先生，是在北京举行的《詹天佑》观摩讨论会上。在这之前，年届耄耋的他因患严重的气管炎，很长时间足不出户；可是，因为孙道临，因为是老朋友，因为他曾经在上影工作过，那天，一个灰蒙蒙的连正常人都感到呼吸不畅的日子，他来了；尽管他不停地喘气，隔三四分钟就得往口腔里喷上雾状的药剂，但他还是饱含真情发了言。看着他那痛苦的样子，我心里在流泪。一个激情飞扬、才华横溢、潇洒倜傥的诗人作家，一位来自印度尼西亚、出身燕京、参加过学生运动、1947年就入党的老干部，这两个鲜明的形象，在我眼前交替着重叠着，让我久久不能释怀。

方禹先生走了，带着他的眷恋，带着许许多多电影人对他的敬重和爱戴，静静地走了，留给我们的是不尽的思念和无涯的缅怀。

2009年4月

情到深处泪自流

道临老师走了，他悄然离我们而去了。

2007年12月28日上午，当我丢下电话匆匆赶到华东医院时，道临老师的心脏已经停止了跳动。我懵了，倏然间仿佛被人猛击了一下，我不敢也不能相信这是真的！十天前，仅仅是十天，12月18日，我和我的同事还带着鲜花和蛋糕来到道临老师的病榻前，为他祝贺86岁生日。那天，文娟老师也在，道临老师显得十分兴奋，和我们谈笑风生。他告诉我们他还想拍戏，还有许多创作的构想等待他去实现。也许是太动情的缘故，他的脸颊爬上了红晕，目光中闪烁着喜悦。最有意思的是，当护士长让他表演一下发怒的神情时，他马上收住笑容，瞪起双眼，眼珠转了一圈后紧紧地眄斜着我，那目光是犀利的、是咄咄逼人的……我们笑了，文娟老师笑了，道临老师也笑了，那笑带着童贞，带着一丝顽皮，是真诚的、无瑕的。望着这位已经86岁的可敬可亲的老艺术家，我的心又一次被打动了。记忆清晰地告诉我，他之所以时时刻刻都在惦记着艺术，牵挂着创作，是因为他心中涌动着对党对国家对人民深厚的情感，活跃着许多他难以割舍的人物形象，他想做的事确实很多很多。我不由地想起我目睹的道临老师潸然泪下、泣不成声的几个场景。

1985年4月，道临老师光荣地加入了中国共产党，实现了他苦苦追求半个世纪的理想。记得那是七一前

的一天，在上影食堂楼上的职工之家举行新党员宣誓仪式，道临老师参加了。当他庄严地举起右手，面对着鲜红的党旗发出自己心中蕴藏已久的誓言时，他哽咽了，紧握的拳头开始颤

抖，随着双肩的不停抽搐，他泪流满面、泣不成声，令在场的人无不动容。熟悉道临老师的人都知道，他在大学时代就紧随党追求进步和光明，虽然历经磨难坎坷，也品尝过委屈和痛苦，但是他的信仰没有动摇过，他的追求也没有彷徨过，他怀着对党的深厚情感，牢记和遵循党的教导和人民的嘱托，不断地将自己的生命在胶片上曝光，塑造了一个个闪光溢彩的形象。当这种矢志不渝的追求终于有了梦寐以求的归宿和结局，他怎能不激动、不流泪？

1985年，道临老师把创作的目光投向普通的女性——一位继母身上，怀着深深的敬意导演了影片《继母》，塑造了一位饱经风霜、含辛茹苦支撑着家庭，却蒙受世俗偏见的煎熬和封建礼教蹂躏的继母形象。他用许多细节展示这位母亲善良、宽容、质朴、节俭的品格，以及由此而衍生的被人误解、委屈的遭遇。影片很动情很感人；而最为之动了真情的是道临老师本人。记得影片在上海公映时，我随道临老师去普陀区和观众见面、座谈。每次上台，一讲起继母他就情不自禁掉眼泪；在和观众座谈时，听别人谈自己的感受和体会，听着听着，他就开始抹眼泪了，特别是一些继母结合影片叙述自己的经历时，他默默听着，双唇颤抖，泪水不停地流着。所有在场的人都被他感动得唏嘘落泪。他曾经对我说过："影片中的继母是我心目中平凡而伟大的女性，她的品德、她的遭遇已经牢牢攫住了我，我不能不为她动情。"是啊，一部作品要打动别人、要征服观众，首先要打动、征服创作者自己。

道临老师导演的几部影片都是他魂牵梦萦的人和事：《继母》《雷雨》《非常大总统》《詹天佑》。其中，尤其让他心迷神夺的是《詹天佑》。也许父亲是铁路工程师的缘故，他自幼就熟悉这位中国铁路之父的故事，他的心灵深处也被詹天佑历经千辛万苦、为复兴中华而修建铁路的精神刻下深深的烙印。他一生都在做着把詹天佑搬上银幕的梦，并为之做了充分准备。

1999年，在中央领导和铁道部的关心支持下，已经78岁的道临老师终于走进了詹天佑的人生旅程。从创作剧本、踏勘外景、实地拍摄到后期制作，乃至宣传发行，年届耄耋的他从黄浦江畔到岳麓山下，从长城脚边到东北老林中，迎风雨踏冰雪，

行程一万多公里，历时整整三年。那些日子，我常和道临老师在一起。我感觉到他完全进入忘我的境地，似乎他就是詹天佑，和詹天佑一起承受着艰辛与磨难。写分镜头剧本时，他常常掩卷流泪；和演员说戏时，他又难以自抑，泪满衣襟；在首映仪式上，他也是哽咽着讲述了自己创作《詹天佑》的初衷和感受，讲出了中国知识分子对社稷对民族对百姓关爱之心、报效之情。听着他的话语能触摸到他的心弦，感觉到他的脉搏是伴随着祖国的命运一起跳动的；从青年时代参加进步学生运动起，从舞台到银幕，从话剧到影视，他一路走来，每一步都踩在时代进步和社会发展的足迹上，都倾注着他深厚而浓郁的情感。

道临老师的一生，用心灵和情感在创作着，雷雨电波是心灵的火花，万紫千红是情感的迸发。在二月春，在不夜城，到处都留下他的音容笑貌。

道临老师走了，带着他对生他养他的这块土地的真情，带着他对电影艺术的痴迷和眷恋，带着许多未竟的创作构想走了。但是他孜孜不倦的精神和光彩照人的形象永远留下了。

2010年8月

当过八路军的老导演

那是一个极其普通的日子，我贸然叩开了老导演、老演员汤化达先生的家。门缓缓打开，当瘦骨嶙峋、颤颤巍巍的汤导演出现在我眼前时，一阵揪心的疼痛像电流一样从我身上划过，我伸手紧紧地挽着汤老的手臂，慢慢地向客厅挪去，扶着他在沙发上入座。汤老喘着粗气打量着我，满脸狐疑地问我："今天是什么日子？"我笑笑告诉他："今天不是什么特殊的日子。"汤老越发奇怪了："那你干吗来看我？"我无法解释老人的质疑，多少年来，我们总是在逢年过节才会想起这些功绩卓著的老领导老艺术家，才会带着鲜花水果蜻蜓点水般地来到他们身边。我还是笑笑，掩隐起心头潜存的愧疚。

数月前，我曾经与汤老约好去看望他。我们按时来到四楼他家，任凭揿门铃，还是使劲敲门，屋内竟然没有一点反应。我担心汤老耳朵背听不见，站在门口给他拨电话。奇怪的是他接了电话依然迟迟没有开门。这是咋回事呢？同去的“影协”的同志也面面相觑、不知所措。汤老家我来过多次，每次只要一揿门铃他准会开门，今天怎么了？那一刻，很多不祥的预兆都闪现在我眼前。我真的急了，抡起拳头打门，一边打一边呼喊着“汤导演！汤导演”。突然，我隐隐约约听到似乎有人在叫我的名字，而且是汤老的声音。我仔细谛听，不错，是汤老在叫我，但声音是从楼下传来的。我好生奇怪，咚咚地窜到底楼，汤老果然拄着拐棍站在楼梯口，正张大嘴喘着气。我一把扶着他，问他怎么会在楼下。汤老疲惫地上气不接下气地对我说：“你们跑错了。我住隔壁那幢楼。我见你们这么长时间没来，还打电话让我开门，我估摸你们走错了，只能下来找你们。”老人说得很慢，声音也很弱。那一刻，一种近乎负罪的自责令我无语凝噎。一个年届耄耋的老人、一位身患严重肺气肿的病人，竟被我们所犯的低级错误所折腾，实在太不应该。至少说，我们来得太少，而且来去匆匆，完全是例行公事。

和汤老面对面地坐着，我不由地想起1978年见到汤老的情形。那时，汤老任职上影厂党委副书记，为了我岳父的平反昭雪多次来到岳母家。他身材高挑清瘦，面容清秀俊朗，眉宇间依然可以清晰地捕捉到《南征北战》中的政委、《伟大的起点》中的党委书记、《护士日记》中的工地书记的影子。他举止优雅，谈吐轻柔，没有一点做作，也没有一丝官腔，在他代表组织所表示的真切的宽慰和同情中，岳母那颗深受“文革”创伤的心也渐渐复苏了，对曾经参与迫害我岳父现在已知错认错的有关同志也予以宽宥。从岳母口中我得知这位和蔼可亲的汤书记是正儿八经的老革命，抗战刚开始就投身八路军，转战大江南北了。可是在我的感觉中，生活中的汤书记文质彬彬，更像知识分子，远没有银幕上的政委潇洒倜傥。

两年后，我进了上影厂。此时的汤化达已经卸去了党委副书记的职务，回到了导演的位置上。对他而言，拍戏比当官更有吸引力，游弋在艺术的世界里，他觉得更实在更自由更有价值。从《等到满山红叶时》到《石榴花》《不平静的旅程》《姑娘今年二十八》，20世纪80年代初，他几乎每年都向观众奉献一部影片，以一种清新、质朴、淡雅的风格展示自己的美学追求。我曾经多次采访过他，他很低调很谦逊，不喜欢过多地谈论自己，更不愿意在叙述他的文字中出现溢美之词。有件事至今我记忆犹新，他拍《姑娘今年二十八》时，因为我们采写的一篇文章涉及敏感的宗教问题而惹了祸。汤老知道这件事后，主动找到我，安慰我，要我放松心态消除顾虑。他的那番真诚深深感动了我。

这些年，在老伴辞世、子女都出国留学后，汤老独自守候着那套极其普通的公房，平静地打发着晚年。照例，他是离休的老干部，生活上遇到困难完全可以向政府开口、向组织伸手，可汤老从没有这么做。在他看来，比起那些倒在战场上的战友，他已经够幸福了。

2011年11月9日，噩耗传来，汤老还是走了，平静地走了。他的一生就是这么低调。我想已经离他而去21年的妻子、战友方正老师正在天国等着他，我真诚地祝愿他一路走好。

2011年11月

走下银幕的“马天民”

每次，见到仲星火，就像见到邻家大叔似的，特别亲切。他总会握着你的手嘘寒问暖，那张慈眉善目的国字脸上，布满真诚宽厚的笑容，那是似曾相识的笑，在“喜旺”的脸上，在“马天民”的眉梢，以至于好几回见面，我竟然脱口称他“老马”。

仲老师真可谓电影界的“老马”。他今年88岁了，参过军打过仗，逐倭寇驱老蒋，渡长江赴朝鲜，直到脱下军装到上影，完成“征战沙场”到“水银灯下演戏”的人生转折。从《南征北战》《铁道游击队》的小战士开始，到登上《今天我休息》《李双双》的演艺高峰，捧杯拿奖，他驾驭着电影表演这驾马车，艰辛跋涉，奉献了六十多个春秋。令人敬佩的是，老仲艺高调不高，有名不扬名，在任何场合不摆谱不卖老，谦逊平淡，彬彬有礼。他很少谈起自己的革命生涯，也不愿显摆自己曾经拥有的成功和荣誉，他的神韵风貌、言谈举止，依然透逸着喜旺的纯朴和马天民的憨厚。去年，在纪念《今天我休息》《李双双》的导演鲁韧100周年诞辰的座谈会上，老仲深情地回忆了当年和鲁导相处的日子，缅怀了这位恩师对自己的教诲和提携，话语朴实无华、情感真诚动人，尤其是他赞赏鲁韧先生为人正直、做事顶真的品行时的亢奋和激动，足以令人触摸到他的性格特征。

老仲是从安徽亳州这座历史古城走来的，蕴藏于淮北大地的那种与生俱来的质朴、宽厚、善良，给他的性格抹上了浓重的色彩。他热情豁达，与人为善，那张“招牌”笑脸，深得大伙的喜爱。他又来自于军营，枪声炮火更锤炼了他的阳刚之气，正直、刚毅、率真，与他相处你不必做作，也不需要藏着掩着。老仲是个喝了不少墨水的文化人。他幼年时家境富裕，很小就进了私塾，以后又上了学堂，在老师的耳提面命下，大凡经典名著能找到的他全都涉猎过。书是老仲一生的好朋友。当年他参军时，就带了好些他喜欢的书，打算在部队上好好精读细品。谁料，战事频仍，戎马倥偬，哪有时间？全仗着部队是个大学校，书丢了，人变了，他有了志向，长了见识，懂得了许多道理，这为他日后从事电影艺术打下了坚实的基础。

老仲有两大爱好，一是书法，二是品酒。老仲擅长的“仲体”，就像他做人一样，方方正正，粗细有致，既遒劲有力，又庄中带谐，别有一番风味，别人想临摹都难。老仲爱喝酒，尤爱喝白酒，但决不贪杯，他喜欢喝酒的氛围和喝完酒的那种感觉。他年轻时酒量可以，如今上了年纪不敢再“豪气冲天”了，尤其是他的老伴祝阿姨在身边监管，能喝几杯，全得由她“恩准”。

这位祝阿姨，是仲老师的老伴。她这位老伴比“贴身警卫员”还贴心，犹如老仲的影子，这些年她步步紧跟，只要看到老仲，身旁必然有祝阿姨。祝阿姨是护士出身，脾气温和，心思细腻，对老仲百般呵护，温饱饥寒，头疼脑热，饮食起居，事无巨细必亲力亲为。当然喝酒这档事全在她掌控之中，由不得老仲“自说自话”。不过她知书达理，善解人意，总能让老伴尽兴；而老仲也“知人善任”，绝对服从，偶尔也会打出那张招牌笑脸，讨点饶。瞧他们相濡以沫的亲热劲，谁都不会相信这两位老人是再婚而结伴的，他们的脸上写着幸福，漾着快乐，彼此知根知底，互敬互爱，堪称最佳拍档。难怪有人说，“马天民”做了一辈子好事，上天特别眷顾他，给了他一个幸福快乐的晚年。

2012年5月

星火依然在燃烧

“仲星火老师走了。”当微信上爆出这条噩耗时，我震惊，愕然，无语凝噎，我不信，也不愿信！怎么可能？一天前，我和“影协”的同志还去医院探望了他，尽管他难以用语言和我们直接交谈，但他的眼神他的表情清晰地告诉我他知道我们来看他了。他嗫嚅着，似乎有许多话要说。我坐在病床前攥着他的手，大声地对他说：“仲老师，你挺着，你一定会走出去的，到时咱爷俩痛痛快快地喝上两盅……”我四处打电话，希望证实这个消息不是真的。然而，我得到的是不愿意得到的答案，一切的祝愿、一切的期待，都被那该诅咒的病魔吞噬了，掠夺了，留下的只能是极度的悲痛和无尽的思念。

仲老师是我敬重的艺术家。我敬重他，不仅仅是因为他的艺术成就，不仅仅是他创造的喜旺、马天民这样的经典形象让人难忘，更重要的是他的人品、他的艺德、他的情怀。他是20世纪40年代参加革命的老同志，扛过枪打过仗；他是从艺六十多年的老艺术家，得过奖出过名；但是他从不倚老卖老，他身上找不到丁点儿名人的架子、前辈的自傲、长者的脾气，他就是一位你熟悉的完全可以零距离接触的邻家大爷、隔壁叔叔。你感受到、触摸到的是他身上随处可显的正直、宽厚、仁慈和善良。

早在80年代初我就认识仲老师了，那会儿他刚拍完《405谋杀案》。他留给我的印象是那么平常那么普通，笑眯眯乐呵呵，一脸的阳光，和蔼可亲，谈吐亲切，话语诚恳，就像自家人一样。以后见面次数多了，彼此熟了，也就没有了边际，相互间你逗我捧，没大没小没老没少没肝没肺，聊得特别投机特别爽快。难怪，那天在医院，他老伴祝阿姨还对同去的人介绍说我们俩一见面就互相逗。这一个“逗”字，道出了老人乐天派的性格。

正因为老爷子特和善，好说话，这些年，他“离而不休”，成了上海电影家协会的一张“名片”。“影协”一搞活动，大伙首先想到的就是仲星火老师，一是他有辈分，有名望，二是他人缘好，大家都盼他来，三是他没架子好伺候，重情义讲礼数，有求必应，有请必到，即便到了耄耋之年，也从不打回票。更可贵的是他不讲条件，不提要求，不求任何报酬，每次高高兴兴来快快乐乐回。他曾经给我说过，我是组织培养的，是组织里面的人，组织有事找我我就得去，没有二话。说得多诚恳，组织两个字竟然有如此大的分量！

仲老师对表演艺术情有独钟，到了耄耋之年，依然心系银幕，绝不放过任何演戏的机会。电影《建国大业》来上海拍戏，请他饰演个角色，老爷子啥也没说，看剧本背台词，揣摩角色，认认真真把戏给演了。至于报酬，给多少拿多少，随意！去年，已经90岁的他，欣然接受影片《毛泽东在上海1924》的邀请，拍了几场戏，戏不多，但绝对投入，用他的话说：“龙套也得跑出声色模样！”我曾经问过他，这么大年纪，拍戏累吗？他笑笑说，“当然累了，但是作为演员，我们特别喜欢拍戏的那种氛围那种感受，精神上满足了，身体也就不觉得累了。”

仲老师是个儒雅之人，他的儒雅是一种质朴，融合着传统文化和乡土气息的气质和风度。他从淮北平原走来，自幼熟读四书五经，知书达理，成年后参军革命，战火锤炼，舞台熏陶，水银灯下濡染，造就出他特有的文人气质。他待人接物，处世做事，很有分寸，以诚相待。每次去他家，他总是热情款待，咖啡点心，汤圆蛋糕，你不吃点什么他绝对过意不去。仲老师喜欢品点小酒，二两三两，细品慢酌。那回在曹家楼参加秦怡艺术馆开馆典礼，中午用餐没酒，仲老师想喝又不好意思开口。我自告奋勇，找服务员要了一瓶白酒，让老爷子尽了兴。他好这口但不贪杯，喝不完就带走，从来不丢儒雅之态。我们几次相约要痛痛快快喝上几盅，然而……

星火老师走了，他去休息了。这一辈子，他一直在他选定的人生路上跋涉，他走得很潇洒，他活得很精彩，他累了，应该歇歇了。他远去了，但他的精神、他的品德，“星火”依然，会在我们心中燃烧，会照亮后辈前行的道路。

尊敬的老爷子，我们永远记住你，记住喜旺，记住马天民。

2015年1月

与大师擦肩而过

周小燕大师走了，噩耗传来，我震惊瑟然，无语凝噎，思绪倏然间拽回到三十多年前与周大师相识的场景。

我是电影界的晚辈，周老师是声乐大师，无论是专业、辈分、资格、声誉，我只能对她仰之弥高，别说亲密接触，就是见个面握下手也绝不是件容易的事。没想到，她的先生、我的老领导张骏祥，无意间却给了我终生难忘的机会。

骏祥先生是20世纪30年代毕业于美国耶鲁大学的著名导演，曾经创作了《还乡日记》《翠岗红旗》《鸡毛信》《燎原》《白求恩大夫》等多部经典影片，是电影界学贯中西、德高望重的大师级艺术家。80年代我进上影时，他是上海电影局局长。因为他的威望、他的才气、他的矜持、他的严肃、他的……我们这些年轻后生特别敬重他，也特别怕他，有事都不敢轻易去找他。

可是，他老人家偏偏找我来了。1985年的春天，记不清是哪一天了，我突然接到了张局长的电话，我有点懵，心跳得厉害。老局长第一句话就问我：“你最近忙吗？”我赶紧回答：“不忙！不忙！”他说：“那好，有件事就交给你来完成了。”什么事啊？我心头一紧，脚骨有点发软。老局长不紧不慢地给我布置了任务。原来，中国戏剧出版社要编辑出版一套当代戏剧家的传略，俊祥先生被列入其中。尽管张先生多次婉拒，但由于他抗战时期在重庆话剧舞台所做出的卓著贡献，行事一贯低调的他也只能勉强接受。那么，谁来执笔呢？老局长竟然把我给拨拉出来了。我相信老局长的选择是慎重的，我也十分感激他对我的信任和器重；但是我自感才疏学浅、语轻笔拙，很难分寸得体地勾勒老局长的形象，向读者展示他的精彩人生、深厚造诣、博大情怀、鲜明性格和高尚人品。但我什么也没说，不敢说，不好说也不愿说。老局长似乎也知道给我出了道难题，电话里一个劲地安慰我：“你不要着急，咱俩一起来完成这个任务。明天下午你来我家，我会把我做的事说给你听。”于是，我就有了与张局长面对面交谈的机会，也有了和周老师亲密接触的可能。心情自然有点激动，但更多的是忐忑。

第一次站在俊骏祥先生家门口，我听到屋内传来钢琴声和歌声，但从我按时揿响门铃的那一刻起，所有的声音都戛然而止。进门后我发现骏祥先生已经准备好了茶水和录音机，而正走出琴房的周老师笑笑朝我点了点头。那时她已年过花甲，但依然风姿绰约、神韵雅致。最让我意想不到的时，周老师转身竟然挨着我坐了下来。我有点局促，但周老师脸上洋溢的率真很快让我感受到长者的慈祥和亲切。张局长按着时间的顺序很平实地叙说着他的那段经历，从江安国立戏专任教，到导演曹禺先生的《蜕变》《北京人》，从创作剧本《边城故事》《小城故事》《山城故事》到导演《安魂曲》《万世师表》，周老师和我一样，静静地坐着，仔仔细细地听着，和张局长一起穿过历史的风云寻觅他的足迹。奇怪的是每次我一开口，她都全神贯注地凝视着我，似乎有什么东西引起了她的注意，我不明就里，更有点惴惴不安。就在张局长叙说告一段落时，周老师站起来问我："你学过声乐吗？"我一脸茫然，摇摇头，她接着又问："你喜欢唱歌吗？""不喜欢。"我还是摇摇头。周老师把目光转向张局长，"他的音色和音质太好了，为什么不学声乐？"张局长笑笑，"我也不知道呀？"周老师又把犀利的目光投向我，像是对我说又像是自语“这么好的条件，不唱歌太可惜啦。来，试试看，我教你！”不容置辩，我乖乖地站在了她面前。于是，她给我讲了一些发声用气的基本原理，告诉我怎样打开下颚，怎样找到吞咽鸡蛋的感觉，怎样发声，怎样打开腹腔用气撑着，怎样将气从腹部往上揉……边说边演示，让我尝试着做。我真是烧火棍当笛子吹的料，一窍不通，尽显洋相。在演示打开腹腔时，她让我双手使劲掐住她的腰的两侧，然后她开始运气，任凭我使出浑身的劲也没能阻止她的腹部鼓起来，硬邦邦地像只球。我暗想，有这样的共鸣箱，唱歌能不好听吗？可是轮到我演示，周老师也用手掐着我的腰，我运气屏住，她稍一使劲，我的气就跑了，腹部怎么也鼓不起来。周老师看我憋了一头汗，轻轻地拍拍我，“你太紧张了。放松，慢慢练，你这么大的块头，练好了，将来能成为温可铮。”这时，张先生开腔了，对我说，她这个人有职业病，只要发现你是块唱歌的料，不会轻易放过你。

对我，周老师确实没有轻易放过。去采访骏祥先生时，只要她在，她总会鼓动我诱导我让我学唱歌，还亲自弹琴让我试声，夸我音域宽跨度大等。无奈我“朽木不可雕”，对唱歌一点点兴致也没有，轻易地放弃了周老师给予指导的机会。不过，正是这种“不肯轻易放过的精神”，才使她发现并培养了魏松、廖昌永等诸多著名歌唱家，成为乐坛桃李满天下的大师。

一日为师，终身感恩。我会永远怀念周老师！她的音容笑貌会永远珍藏在我的记忆中。

2016年3月

革命人永远年轻

陈鲤庭出生于1910年，艺龄已经超过80年，是位名副其实的老资格的前辈艺术家，在戏剧界、电影界名气大着呢。《放下你的鞭子》，这出几代中国人都非常熟悉的街头剧就是陈老1931年创作的；当年轰动重庆、影响全国的话剧《屈原》的导演也是陈老；电影史上的经典名片《幸福狂想曲》《丽人行》等都出自陈老之手。更让人敬佩的是，陈老还是20世纪30年代党领导的中国左翼戏剧联盟的成员，是位老革命，离休后享受红军待遇。

令人遗憾的是这位艺术功底深厚、成就卓著的老资格艺术家，由于身体原因，1965年就在天马电影制片厂厂长的位置上离职休养了。然而，沧桑巨变、人事更替，46年后的今天，陈老依然健康，而且生活得很滋润。陈老的耳朵已经失聪，但他依然十分健谈，而且声音洪亮。人们把想说的话写在特制的小黑板上和他交谈，他思路敏捷，话语清晰。他总是那么乐观豁达，似乎生活中已经没有了忧愁和烦恼。

尽管他几乎足不出户，但他全知天下事，报纸、电视成了他透视生活了解社会的窗口，国际形势、国家大事，他无所不晓，电影节的各种活动、上影厂的创作情况，他也了如指掌。更可贵的是他不仅仅只是了解，而是有自己的评判和见解。有一次和他聊到大剧院，他像亲自去参观过似的，说得有鼻子有眼，在对大剧院的造型和功能发出由衷的赞叹后，他突然对在大剧院演出京剧略露微词。这位熟悉京剧的老艺术家意味深长地说，京剧是国粹，有传承也有传统。京剧的布景不能太华丽、灯光也不要太花哨，京剧讲究的是演员的做功和唱功，观众欣赏京剧，视点是聚焦在演员身上的，扮相怎么样？坐唱念打怎么样？末了，他笑着说："过去我们去剧院看京戏，常常会把眼睛闭起来，静静品赏每个演员不同的唱腔和韵味。"

抽烟，是陈老一生的嗜好，成为百岁老人后照样笃悠悠地抽着他爱抽的烟。许多人都劝他把烟戒了，可他不以为然，“顽固不化”。他说，不抽烟，思维就会停止，思维停止了生活还有什么意思。在这位百岁“老烟枪”面前，我们常说的抽烟的所有危害都是苍白的、站不住脚的。是啊，他都活到100岁了，我们还有什么理由去强求他呢？因为烟瘾难挨，他经常找出理由回避每年进行的常规体检，有时被逼着去了，也是三下五去二，提早“溜”回家。

陈老喜静不好动，那套居住了五六十年的老式公寓是属于他的天地，读书阅报看电视是他的主要活动。他常挂在嘴边的一句话是，生命在于运动，长寿在于不动。他说，把生命在于运动理解为体育锻炼，是不准确的。对于上了一定年纪的人来说，生命在于运动是指思想要动，要不断学习，要勤于思考，要保持良好的精神状态。但身体尽量少动甚至不动，要量力而行，决不能超负荷。因为活到这么大年纪，身体上的大多数部件都老化了，不堪重负了，多动很容易损坏。这就像一部老爷车，开的时间久了，要报废了，只能慢慢悠悠开，如果油门踩重了，速度开快了，很容易熄火，一熄火，再启动就难了，甚至就此趴下了。陈老的不讲养生的养生之道，细想想，还是有点道理的。讲到饮食，陈老直言他从不刻意，但有几样食品他坚持吃了几十年，他每天必吃的是一个鸡蛋、一瓶酸奶、一个西红柿、一个菜或肉馅包子。我们无法考证这些食品与延年益寿有什么必然的联系，但有一点可以肯定，饮食的节制和生活有规律一定有利于健康。

这些年，年事已高的陈老很少参加戏剧电影界的活动，但人们没有忘记他。领导、同事、后辈尊敬他关心他爱戴他，为他的晚年生活增添了安逸和快乐；最令他难忘的是在庆祝中国话剧一百年的日子里，他荣膺国家有突出贡献话剧艺术家，以97岁高龄获此殊荣，陈老心满意足。

陈老一生追随革命，寻求光明，执着于进步戏剧电影事业，他的心装着百姓，他的情系着祖国，年轻是他生命呈现的永久的状态。

2011年8月

创造电影神话的人

自从电影《庐山恋》1980年问世后，游庐山就多了一项内容——去东谷电影院看《庐山恋》。

三十多年过去了，观摩《庐山恋》依然是游览庐山的一道风景线，不过当年的东谷电影院已经更名为庐山恋电影院。电影一个曲折动人的爱情故事，多角度地展现了庐山的主要景点以及这些景点隐藏的历史故事和民间传说，给一个个驰名中外的自然和人文景观注入了生命和灵气，对游客形成更大的吸引力和亲切感。

一部电影能在同一家影院连续放映三十多年，相继洗印了二十多个拷贝，吸引了成千上万的观众，其放映时间之长、放映场次和观众人次之多，创造了一项难以逾越的世界纪录。早在十多年前，英国“基尼斯”总部就委派专人在上海国际电影节向东谷电影院颁发了证书。

“庐山恋”，一段浪漫的旷世恋情，一个中国电影乃至世界电影的神话。

每次追思、品味这个神话时，我自然会想到它的制造者：编剧毕必成和导演黄祖模。

毕必成是我非常熟悉的一位朋友。他个头不高，长得很敦实，模样挺像个干体力活的。他是位正宗的江西老表，尽管高中毕业后因为父亲的历史问题被拒之大学校门外，但他没有自暴自弃，而是背负生活中的沉重，以过人的勤奋和刻苦，拿起手中的笔，驰骋在文学天地。经过风风雨雨的艰辛、磕磕绊绊的跋涉，这个充满激情和才华的文学青年在20世纪70年代就被破格重用，成了九江市话剧团的编剧。他创作过很多舞台剧，也尝试着写电影剧本，但屡试屡败，始终敲不开他从孩提时代就魂牵梦萦的上影厂的大门。直到有一天，他带着刚脱稿的《庐山恋》电影剧本来到上影文学部创作楼，邂逅了素昧平生的电影导演黄祖模，他创作的才思和生命的火花才得以绽放。尽管，黄导初识的《庐山恋》剧本并不成熟，但毕必成以犀灵的笔触所描绘的历史和现实的巧妙结合、风光和爱情的有机融会，独特精致，让人耳目一新。尤其是男女主角的身份设定大胆新颖，很有历史感和现代感。黄导从中敏锐地捕捉到十一届三中全会后能给禁锢带来冲击、能为生活创造憧憬的全新的开放的观念和思想，毫不犹豫地将它列入自己的选题计划。于是，黄导演和毕必成共同携手，几上庐山，看景采景，修改剧本，丰富人物。毕必成孕育了多年的这段庐山恋情终于让黄导在一方银幕上放飞了。成功使他激情迸发，才思喷涌，苦难的赠予、生活的积淀在他心头留下了许多精彩的故事。他一发而不可收，废寝忘食地沉迷于电影王国，以超常的速度先后创作了二十多个电影剧本，其中绝大部分被搬上了银幕，成为电影界公认的大器晚成的奇才。然而，出于创作亢奋期的毕必成，忽视了自己强健体魄中潜滋暗长的隐患。1993年，年仅52岁的他因劳累过度、心力交瘁而在上海猝然去世。他的英年早逝，给我们留下了永远的心痛，也为电影事业造成难以弥补的损失。

黄祖模，我十分尊崇的一位导演，他，思想开朗、心态年轻而充满激情。这位曾经师从焦菊隐、曹禺、张骏祥的“国立戏专”的毕业生，早在40年代就作为助理导演参与了《乌鸦与麻雀》《万家灯火》《希望在人间》《一江春水向东流》等经典名片的创作，有着深厚的理论素养和丰富的实践经验。《庐山恋》为他构建了施展才华的平台，他大胆创新，勇于突破，始终呈现开放的心态和时尚的追求，在人与物、情与景、史与实的艺术处理上，以精细的构思、灵活的调度，突出清新和美丽，渲染人文和人性，尤其对爱情的描写力排“文革”遗风，不落窠臼，既不失纯真又洋溢浪漫。整部戏，女主角先后换了四十三套色彩明艳款式新颖的服装，而且还以一个现在看来仓促而幼稚的“吻”开创了新中国银幕恋爱之先河。这部被誉为“新中国第一部吻戏”的影片轰动影坛，不仅受到观众的追捧，而且影片和女主演张瑜在百花奖和金鸡奖的评选中荣获多项大奖。如今，黄祖模年届耄耋而且身处病榻，可《庐山恋》给他带来的那份喜悦依然深深地埋在他的心底。一提起这个话题，他眼光明亮，呼吸加快，仿佛又回到三十年前的那些难以忘怀的日日夜夜，脸上漾起甜美的笑容。

2011年4月

追忆，在心底流淌

《黄祖模和他的〈庐山恋〉》终于出版了。这不仅是对逝者和亲属的慰藉，也让我们这些熟悉并敬重黄导的同侪晚辈，循着这些文章图片的脉络，在字里行间寻觅黄导的足迹和身影，缅怀黄导的造诣和业绩，触摸黄导的人品和艺品。

我是一口气看完书稿的，然而心中泛起的涟漪却久久荡漾，黄导的音容笑貌，穿插着那些耳熟能详的电影画面，像一朵朵富有生命力和冲击力的浪花，敲打着我记忆的屏幕，那么清晰那么亲切那么生动，就像发生在昨天。我又一次体验到感情是生命的延续，你尊崇一个人，爱戴一个人，那种从心底里滋生的情感，是不会被时间和空间消融的。

然而，因为熟悉因为亲近，我反而无法用语言文字去完整地描摹黄导在我心目中的形象，不能用我仅有的那点墨水去评述黄导艺术上的建树，更没有资格和水平为这部著述写序书跋。因此，当这本书的责编要我为这本书写序时，我犹豫片刻后婉言拒绝了。尽管我心里真的有话要说。

拒绝让我有点忐忑，心里惴惴不安惦记着这件事，希望能帮助找到一位德高望重的老前辈来担当。夜里，躺在床上，我辗转反侧，沉浸在黄导的世界里。我追忆着黄导的创作生涯，七拐八转，细心地梳理，默默地搜寻那些熠熠生辉的亮点，尝试着积聚起一些文字，能凝练准确地表达我对黄导的印象和敬意……

黄导对电影充满激情，心里似乎揣着一团火，每一次创作对他来说都是一次生命的燃烧。他是一个特别认真的人，一旦认定了题材就会全身心地融入，从剧本修改、镜头分切、演员物色、外景选择，到拍摄现场的把握和指挥，他锱铢必较，事必躬亲，总是那么风风火火，激情四溢，尤其在《庐山恋》的创作上，他更是煞费苦心，倾注一腔激情。在那个刚刚打开禁锢枷锁的特定年代，这部影片因为题材的敏感、人物的突破，乃至情感的处置和服饰发型的变革，都走到了前沿，于是毁誉褒贬纷至沓来，甚至引起责难和批判。但黄导顶住了。一个循规蹈矩、安分守己的老导演何来如此胆量？激情，燃烧的激情！创作需要激情，没有激情的支撑就没有坚定的信心，没有激情的助推就没有执着的追求。黄导的激情，是生命在胶片上曝光，它闪现的是人性色彩和人格魅力。

黄导的人生是用勤奋写就的，从爱好文艺到毕业于江安国立戏专，从舞台到电影，从当场记到蜚声影坛，从拍电影到教书育人，他一步一个脚印，走得扎扎实实，靠的是勤奋是锲而不舍是持之以恒。从艺半个多世纪，任凭环境改变但他学习从未中断，即便是文化被“革命”的艰难岁月里，身陷干校窝棚的他依然孜孜不倦学习一切可以学习的东西。他崇尚“人生在勤，不索何获”的格言，他相信“天生我才必有用”的古训，他崇拜张衡、华佗这些古代杰出科学家的进取精神。他所以要拍《张衡》《华佗与曹操》，就是想借艺术之臂，揭开历史的帷幕，让华夏子孙重温我们的先辈，那些民族的精英，是如何创造璀璨的中华文明的。黄导很注重传承，也追求创新，他在理论上的建树是令许多导演叹服的。正是丰厚的理论素养，才使他被恩师张骏祥先生选中，成为当年上海电影专科学校导演系的老师。也正是他为人师表，甘为人梯，言传身教、辛勤培育，毫无保留地将自己的知识和技能传递给学生，才造就了于本正、宋崇、李歇浦、石晓华等一批电影导演，为上海电影输入了一股承前启后、续写辉煌的中坚力量。

黄导的真诚和热情，在圈内也是有口皆碑的。他对人客客气气，说说笑笑中透溢出鸿儒风度。在摄制组，他不称老不摆谱，不耍威风不发脾气，虽严格要求但平等待人。对年轻人则热情扶持，大胆使用。当年拍《庐山恋》，他提出要用张瑜出演女一号，招致众多非议，但黄导坚持，最终得到厂领导的首肯。这一坚持，成就了《庐山恋》，也成就了张瑜。难怪张瑜曾在不同场合多次讲到，“没有黄导演就没有我的今天”。饰演张衡的许还山在黄导的诱导和帮助下，为了贴近那个时代和人物，下苦功练习汉隶，不仅完美地塑造了张衡，如今还成了电影圈的书法高手。得益于黄导演提携的还有《庐山恋》的编剧毕必成。毕必成是幸运的，首次叩开电影的大门就遇到既富激情又很热情的黄导。爱才惜才的黄导从那份满是初学者印记的剧本里敏锐地捕捉到这位年轻人的才气和素质，于是他整日泡在文学部，不厌其烦地和毕必成一起商谈结构，设计情节，勾画人物，铺陈细节，一场戏一场戏地斟酌，一句台词一句台词地推敲，一个人物一个人物地提炼，改了十几稿，许多精彩之处都出自黄导之手。如果搁在今天，他作为编剧“当之无愧”，多拿一点稿酬也是“理所当然”，但那时的黄导压根儿就没想到这些，他把这一切都看作是导演应该做的，他非但不署名不拿一分钱，而且在许多公开场合他都力推毕必成。也许正是这位伯乐的慧眼和气度，激发了千里马的潜能和韧劲，《庐山恋》之后，毕必成一发而不可收，几乎每年都有一两个剧本被推上银幕，一连拍成了二十多部电影。遗憾的是他英年早逝，让黄导心痛不已。

我和黄导相识三十多年，那时，他是名导演，我只是《上影画报》的一名小编辑，虽然没有机会得到他的直接提携，但他给予我的关心和鼓励很多很多。尤其是在我写了一篇有关他的专访以后，每次见到我总是说，那篇文章写得太好了，是所有写他的文章中最好的，他一直保存着。他的话很真诚，像父辈对待自己的孩子。我明白他在鼓励我鞭策我，而这种鼓励和鞭策潜移默化所产生的力量，对一个初入行的年轻人是何等的重要，直到今天我依然深深地感受着。黄导还关心我政治上的进步，80年代末，当他听说我这么一位担任杂志主编的年轻人还是个无党派人士后，以自己的亲身经历鼓励我，指引我走进了党组织。

那一夜，因为思念而变得漫长，透过窗棂，我看到闪烁在苍穹的星星，我想黄导也许已化作它们中一员，此刻正隔着夜空凝视着我，而徐徐掠过的春风，犹如他捎来的鼓励和祝福。今夜，被甜美的回忆所浸淫。但一想到写序的事，我又犯难了。

最终，打消我的顾虑、成全这段文字的是黄导的夫人贾舜华女士的一个电话。她的恳切、她的真挚，尤其是她哽咽着说的那句“黄导演在天之灵也会谢谢你的”，令我无语凝噎。我不能让这位相伴黄导一生的慈祥的老人失望。恭敬不如从命，我只能将这些文字从心里掏出来，虽然它们很难勾勒出黄导的完整形象，但它们在我心底流淌，带着我的真情，我想黄导一定还会像当年一样，给我鼓励和鞭策。

2014年3月

“帅”气“率”性的刘琼

每每念及老影星刘琼，大伙最大的感叹是“像他这样的帅哥电影界已经很难找到后继者了”。“帅”是刘琼老师的招牌，到哪儿都是一道亮丽的风景。他的帅由表及里：身材高挑匀称、体魄挺拔健硕，这是他的形；风度潇洒倜傥，气质恬淡儒雅，这是他的品。他全然没有当今大多“白脸帅哥”惯有的“娘”腔和“奶”味，温文尔雅又不失刚毅坚韧，冷峻沉稳又融入敦厚热情，即便在《大路》中扮演衣衫褴褛的筑路工人，举手投足间飘逸而出的是迸发阳刚的“帅气”。更耐人寻味的是，他帅了一辈子，即便到耄耋之年，依然有形有块，挺拔、清癯、洒脱，矫健，衣饰挺括，言谈举止分寸得体、韵味十足。常见他一身浅色的休闲夹克套装，一辆老式的自行车，风度翩翩穿梭于大街小巷，让人注目惊叹。

刘琼的“帅”是难以模拟和仿效的，他的帅是由形体、学识、修养和气质共同铸就的。他是20世纪30年代就红遍上海滩的大明星、大艺术家；但他真诚待人，淡泊处世，没有架子不耍大牌，无论是摄制组排戏，还是参加各类活动，他听从安排，服从调度，谦恭矜持，平易近人。我曾经和他一起多次参加电影界的活动，他从不“显山露水”，总是微笑着默默地落在后面，总是婉言拒绝主办方的一些好意，能不上台就不上台，能不讲话就不讲话。至于记者，他显得比较“绝情”，大多时候都是笑眯眯地让你空手而归。难怪媒体上很难见到有关他的文章。其实，从他涉足影坛到他星空陨落，他在电影圈里生活了七十个年头，他见证了中国电影的曲折坎坷、繁荣发展，在花开花落、云卷云舒的名利场上经历了无数风风雨雨，也目睹了人情世事的沉浮离合，可他不愿意触及这些封存的往事，对自己曾经拥有的声誉和辉煌，也都视若过眼烟云，轻轻地一挥手，弃之而去。20世纪80年代初到90年代，许多艺人纷纷出书，我想最有资格出书的，刘琼老师应该算一个，于是两次登门，自告奋勇要派人为他写传，他均一口回绝。我又劝他自己动笔写本自传，他沉思片刻对我说：“我这一辈子没做过什么，拍了几部戏，那也是过去的事了，有什么好写的？我现在经常想起的是自己做过的一些不应该做或者没有做好的事。因此，我如果有可能写书的话，那一定是部忏悔录。”我无言以答。“忏悔”两字出自这么一位德高望重、受人爱戴的老艺术家之口，更增添了一股超乎寻常的“帅”气和“率”性。

乐观、率真、豁达，是刘琼老师保持“帅气”的底蕴。一个斤斤计较委琐狭隘的人，是不可能潇洒而帅气的。刘琼食“人间烟火”，自然也会有痛苦、有烦恼。譬如他这么大牌的艺术家，从南京路到吴兴路，搬了几次家，最后和老伴等住在一套二居室里，他能没有想法吗？再说收入，这位“文革”前的“高知”，因为退休早，养老金比60年代参加工作的人还要低，从衣食有余到经济拮据，他能无动于衷吗？更要提及的是，40年代他在香港是“左派”，积极从事和英国殖民者的斗争，结果解放初始遭“港英政府”驱逐出港。尽管这些都是无可争议的事实，但由于一些条条杠杠，他不能享受离休的待遇，他会不郁闷吗？可贵的是他没有拘囿于这些身外之物，去争去闹。他是君子，他对待财物和名利有自己的道道。他洒脱了一辈子、帅气了一辈子，见得多了，挥手间，皆成烟云，飘然逝去。

“帅哥”刘琼是我尊敬的前辈。我就是刀削锉磨也成不了他的“帅”，但他的“率”性，我可以下功夫去学习和借鉴。我希望借得他的“率”，使生活增添更多的快乐。

2010年12月

红日犹在明星落

4月16日，我们一帮晚生后辈，怀着敬重和爱戴之情，来到舒适老师家，为这位出生于1916年4月的百岁寿星祝寿。

那天，舒适和老伴凤凰，着装红色，红光满面，神采奕奕，喜气洋溢。一声声真诚的祝福、一阵阵会心的笑声，摇曳的烛光、快乐的生日歌，满屋子飘逸着吉祥、欢快和喜悦。尽管舒适老师无法和我们尽情地直接交流，可是他总是大声地问这问那，急切地想参与其中；凤凰老师则不住地在他耳畔做着“同声翻译”，告诉他谁说了什么，抚慰着他那颗激动的心。

当我们送上他的最爱——拷扁橄榄后，老人像个孩子似的嚷嚷着让凤凰老师立马给他口中送上一颗。他含着、慢慢磨着、细细品着，竟然接连吃了五颗，嘴角漾起了孩子般的笑容。这是一个非常简朴的生日聚会，一声问候、一块蛋糕和几颗橄榄，同样让老人得到慰藉和满足，因为从晚辈心底里流出的真情，滋润了他的心。

然而仅仅过了两个月，祝寿的场景依然清晰地定格在记忆的屏幕上，可舒适老师却在26日匆匆离我们而去了。噩耗传来，让人无语凝噎，心疼如剐。一个才高艺精的艺术家，一名德高望重的老前辈，一位胸宽心善的良师益友，就这么走了。我仰望苍天，感慨喟叹：红日犹在，可明星却陨落了。

认识舒适老师已经三十多年了，他给我的感觉是“气宇轩昂、风度翩翩”八个字。他永远是那么干净利索，品端形正，那种与生俱来的浩然之气，你随时都能从他的言谈举止中触摸到感受到。即便到晚年，他的视力很弱，耳朵也背，生活中的许多乐趣都被无情地剥夺了，但他还是坦坦荡荡、有棱有角，从不悲悲切切、唉声叹气。每次去探望他，总能从他那洪亮的声音品尝到生命的力量，总能从他毫无矫饰的言谈中探寻到生活的价值。

舒适老师体格强壮、身板硬朗，是位力量型的运动好手，尤其擅长打篮球，在电影圈文艺界可是佼佼者。他所在的“古华篮球队”，名闻遐迩。从热血青年到耄耋老汉，他们在篮球场驰骋了半个世纪，到了晚年一帮七八十岁的艺坛老将，依然兴趣不减，身手不凡，在场上争跑抢跳，动作敏捷，以至于一些年轻人难于与其匹敌。舒适老师曾经告诉我，他喜好篮球完全是受他四叔舒鸿的濡染，当年舒鸿号称中国奥运篮球第一哨，在篮球界无人不晓，无人不尊。叔叔的成功让身高马大的舒适早在学生时代就迷上了这项运动，也正是多年的坚持赋予他强健的体魄和开朗的心态，让他的人生迈过了百年大关。

舒适老师亦文亦武，多才多艺。他着迷的还有京剧，这也得益于家传父授。舒适的父亲酷爱京剧，与京剧大师梅兰芳交往甚密，经常出入于票友名家的各种聚会，自然也就技艺超群了。在家父的影响下，舒适也爱上了京剧，并由此对表演艺术产生浓厚兴趣。结果，他成了影剧两栖著名表演艺术家，而京剧成了他一生的爱好。他唱京剧，字正腔圆，韵味十足，音色洪亮，活力四射，令许多专业人士刮目相看。在许多电影界的聚会上，舒适老师的京剧清唱，是最受大家欢迎的。

我由衷地感到，舒适老师的一生给人以力量。从1936年走上舞台，80年的艺术生涯，风风雨雨、坎坎坷坷，他一路走来，身影潇洒、步履矫健，充满攻坚克难、不断进步的力量。无论是“城头变幻大王旗”的时代，还是“黑云压城城欲摧”的岁月，舒适老师咬定艺术不放松，追求光明不动摇，用自己的才气和演技，为正义呐喊，为善良呼唤，始终把自己的艺术生命和人民大众的命运结合在一起。他塑造的人物个性鲜明，气质非凡，形象独特，迸发出艺术特有的力量。在我的记忆里，他演的林冲，不仅仅是一身江湖义气的绿林好汉，而是古道热肠、侠胆义骨的英雄，所作所为富有正义感，充满正能量；他塑造的张灵甫，没有简单停留在凶神恶煞、专横跋扈，一身匪气的表露上，而是在展示他特有的军人气质的过程中，通过形体、语言和表情，着力刻画了他性格中固有的智谋胆识、男人味道，同样产生令人震撼的力量。这位生活中一身正气的艺术家，在银幕上传递了自己的性格气质、爱憎喜好，以一个个栩栩如生的人物形象带来被观众充分认同、自觉接受的正气和力量。

1994年，已经78岁的舒适老师，以他炉火纯青、精彩而富有表现力感染力的演技，出演电影《中国人》，并荣膺第二届长春电影节最佳男配角奖。遗憾的是，因为身体不适，舒适老师没有到场领奖，但是，当全场为他爆发雷鸣般的掌声时，坐在台下的我，顿时觉得眼眶湿润了。我为老爷子高兴！为上影的前辈骄傲！我想这个奖项，为他的艺术生涯画上了漂亮的句号。舒适，一生痴迷篮球，这个奖项犹如在比赛终场哨声即将吹响时，他一转身一扬手投进了一个三分球。华丽、精彩而圆满！

一生淡泊的艺术家，观众不会忘记他。即便他去了天国，他的作品，他塑造的人物，他对电影的贡献，不会陨落！

口碑，是永不倾倒的丰碑！

2015年6月

常去看看我们的前辈

上了年纪的人，随着社交圈的逐渐萎缩，亲情成了他们重要的精神支柱和甜润的心灵甘泉。这种亲情来自于家庭的和谐、爱人的体恤、晚辈的孝敬、亲友的呵护，也来自于组织和领导的关爱。而后者对于我们的上一辈显得尤为重要。他们曾经把自己比拟为一块砖、一片瓦，心甘情愿地任组织搬，随领导挪，和同事一起构建着组织设计的大厦。这种今天看来似乎有点“戆”“缺根筋”的思维和行为方式，曾经是一代人崇尚的做人的基准，由此而滋生的对组织的信任、对领导的关注、对同事的依恋是深厚的，是根深蒂固的，是难以被时间阉割或侵蚀的。

我的这些感受，有自身的感悟，但更多的是这些年和许多老同志接触后萌发的。无论在上影还是在“影协”，逢年过节，我总会代表组织去看望一些老同志。每次，我所能接收到的信息就是两个字“感动”。

其实这些老同志都是为电影打天下、奠基础的前辈，战功赫赫，完全值得我们敬重和爱戴，每年去看望他们，也是天经地义的事。可是，每次与他们见面，他们总像看到组织、见到亲人一样，表示出十分的激动。尽管时间短促，但他们问得最多的还是电影，还是单位里的那些事，还是曾经的朋友同事；尽管机会难得，但他们从不会开口讲自己的困难，提个人的要求。那种真诚宽厚豁达，常常令我感到自己的稚嫩、肤浅和粗俗，心灵会受到冲击和洗涤。

前不久，适逢电影表演艺术家舒适95岁华诞，那天我和“文联”“影协”的几位同志一起上门贺寿。那天下午，舒适和老伴凤凰放弃午休，早早就在等候我们了，不仅备了水果糕点，而且还烧了几个像模像样的小菜。我们一进屋，老两口就兴奋地张罗开了。舒适老师眼睛看不见，耳朵也有点背，但精气神如故，身板还是那么硬朗，声音依旧那么洪亮，说起话来还是“杠杠的”，眉宇间透溢出曾经有过的“英气”。他一个劲地问“谁来了？”我们大声地报着自己的名字，并相继和他握手，他呵呵地笑着，那双大手宽厚有力。我握着他的手，能触摸到他那颗滚烫的心。他很想听到我们说什么，可耳朵不听使唤，他就急，不住地大声嚷嚷："你们在说什么？"他的家人不断附在他耳边做着"同声翻译"。凤凰老师更是忙里忙外招呼着我们吃这喝那。我们刚吃过午饭，肚子饱饱的，但为了凤凰老师的那份盛情、真情，我们只能拿起了筷子。那天下午，一屋子人谈笑风生，聊着电影，我们仿佛驻足于历史的长廊里，寻觅着老人闪光的足迹。那是一个我们不愿意告别的下午，我们被温暖挟裹；那是一个属于两位老人的下午，愉悦和欢快写在他们脸上。在老人的欢笑声中，一种自责和惭愧咬啮着我们的心。我们感叹我们去看望他们的次数太少了，时间太短了，我们为他们做得太少了。

在回家的路上，我对随行的一位年轻同志说，我们应该对这些把自己的一生与组织维系在一起的老人倾注更多的关爱和尊重。不需破费，也用不着洗锅刷碗、揉肩搓脚，我们只要抽出一点点时间就能给老人带去安慰和快乐，我们为什么不去做呢？

2011年12月

快乐的“大肚弥勒佛”

黑白电影《南征北战》问世已经六十年了，可是看过影片的人很容易从记忆中搜索到铁牛扮演的那位矮墩墩、胖嘟嘟、憨态可掬的小战士形象。他扛着枪，咧着嘴揶揄炮兵的那句“大炮不能上刺刀，解决战斗还得靠我们步兵”的经典台词，都会唤起我们对他的喜爱和赞赏。

岁月荏苒。当年的小战士，如今已是年届九旬的耄耋老人。虽然他早已离开银幕，又多年被疾病拴住手脚，似乎已经淡出人们的视野，可人们没有忘记他，也不会忘记他。

我和铁牛老师“亲密接触”时，他是上影演员剧团的支部书记兼副团长。我曾经当面跟他讲：“你1945年就参加新四军了，如果不转业到地方，如果不当演员，现在一定能当上团长、旅长了。”他咧嘴哈哈一笑，冲我反问了一句：“你是组织部长？当团长又咋的啦？我现在不也是团长嘛。是演员的团长。”那口气、那笑容，写着真诚和骄傲。说实话，凭铁牛的资历，如果想当官不是难事；可他天生就是当演员的料，当兵不久就进了山东军区文工团。不过，这位打快板、说数来宝的“小胖子”绝对没想到，随部队一路南下，自己会在上海“立定”，也没想到脱去军装后组织上会分派他到电影厂当演员，更没想到第一次站在水银灯下，和他演对手戏的竟是鼎鼎大名的女明星白杨。他曾经和我描述过当时拍戏的情景，“土包子”遇到大明星，就两个字：“怵”“窘”。别说互相对戏了，连眼神都不敢交流，台词也说不到位，心里就像揣着小兔子似的，什么也不懂什么也不会，懵懵懂懂，战战兢兢，就凭着农民的孩子、部队的战士那种敦厚朴实去演。幸好大伙挺喜欢也挺照顾他的，总算搀扶着他磕磕绊绊走出了第一步。

在人才济济的上影演员剧团，铁牛的名气不算大，但他很有特色，难以替代。一是形体特别，胖是他的招牌；二是气质特别，与生俱来的豁达、淳朴、憨厚，一般人都不具有；最特别的是他的笑，肉鼓鼓的脸上，双眼成线、嘴角微翘，活脱脱一副“弥勒佛相”。这些特点造就了他不用修饰，就是生活中常见的那些的普普通通的工人和战士。于是，在《南征北战》《红色娘子军》《姑娘今年二十八》《情归鹭岛》等几十部影片中，铁牛留下了他特有的形象。再说，在名家大师荟萃的上影演员剧团当领导，可不能“只有步枪上刺刀”的勇气，要讲究战术，注重策略。铁牛，凭着那副讨人喜欢的富态像、忠厚样，逢人笑为先，做事抢在前，自然就有了凝聚力，把剧团拾掇得干干净净、和和睦睦。位子坐牢了，可拍戏的机会就失去了，大约有二十年的时间，铁牛始终扮演者“团长”的角色，尽管损失不少，但他乐此不疲。用他的话说，咱当兵的，就是一块砖，组织想咋搬就咋搬。

铁牛为人厚道，有着齐鲁人的善良、豪爽和耿直。当年，好些当兵的，进了大城市当了官拿了饷，就把在农村的孩子他妈给忘了，凭着革命的资本在城里另起炉灶了。可铁牛没有这样做，在他成为电影演员后，面对花花草草的世界，义无反顾地将在山东农村老家的裹过脚的妻子接来上海，携手相伴、恩恩爱爱过了一辈子。1984年，我曾经和铁牛等一批演员一同去常州参观学习，并有幸与他同住一屋。虽然只有短短的两天，但铁牛“震耳欲聋”的鼾声让我饱尝了“夜不能寐”的痛苦。那天，我送他回家，和他老伴说起这事，问她怎么能受得了。老人家笑笑，用几乎标准的山东话告诉我，“怎么受不了？受不了也得受。这么多年习惯了，如果，哪一晚上他不打鼾了，我反而急了，睡不着了，我担心他犯病。”

须眉不经流年磨，进入耄耋之年的铁牛真的病了，身陷病榻十多年，每次去探望他，虽然话语寥寥，他的眼神依然那么和善，笑容依然那么憨厚。他在我们眼中依然是快乐的“弥勒佛”。无奈，他最终没能逃脱疾病的魔掌，离我们而去了。但他的银幕形象，会带着那句“大炮不能上刺刀，解决战斗还得靠我们步兵”的精彩台词，屹立电影画廊。

2012年4月

瑞草芳香

和瑞芳老师在一起是快乐的。她资格老、名气响、地位高，但她真挚、坦诚、豁达、开朗，说话直来直去，做事干脆果断，没有一点忸怩和虚伪，更没有半点官腔和架势，有时冷不丁掺杂一点儿幽默，让你挂不住笑出声来。

早些年，她的老伴——原上海电影局艺术处处长严励老师健在。每次去她家，都会见到严励老师伏案画画，瑞芳老师则站一旁“评头论足”。严老师的画技让我们羡叹；而瑞芳老师有板有眼的评说同样令我们称道。后来，瑞芳老师告诉我们，她当年就学于北平国立艺专西洋画系，若不是迷上表演，很可能成为专业画家。严励老师听了，笑笑说，“那样的话，我这个业余画家就只能给她磨墨了。”

瑞芳老师的经历极其丰富，学生时代就参加北平学生移动剧团，到处演出，宣传抗日；20岁时在周恩来同志介绍下，加入中国共产党；抗战时期她活跃在重庆舞台，与白杨、舒绣文和秦怡一起，被誉称为“四大花旦”；跨入影坛后，她又以《李双双》等影片蜚声全国，成为几代人都喜爱的表演艺术家；她当过上影演员剧团团长、上海电影家协会主席，也出任过上海市政协副主席。她七十多年的艺术生涯和革命历程，融含着多少近乎传奇的动人故事？我们喜欢听她讲这些故事，喜欢听她说她认识的那些人。在走进她的世界后，我们更感到她的伟大和崇高。

在她家的这间普通的屋子里，我们知道了荣高棠、任仲夷、杨易辰、陈荒煤这些我党的高级领导，当年都是瑞芳老师的“戏搭子”。他们同在北平学生移动剧团，一个舞台演戏，一口锅里吃饭，彼此是“生死之交”，感情笃诚深厚。记得1982年，上影组织一些艺术家去刚露雏形的广东特区深圳、珠海采风，瑞芳老师给时任广东省委第一书记的任仲夷同志写了一封亲笔信让我们带去。结果，任仲夷同志给了我们特别的关照和周密的安排，我们不仅领略到特区建设的全新面貌，也深深感悟老同志对瑞芳老师的尊崇和敬重。同样，那回去哈尔滨参加冰雪艺术节，瑞芳老师又给时任黑龙江省委书记的杨易辰打了电话，让我们又享受一次特殊照顾。于是我们会猜想，凭瑞芳老师的资历和能力，如果从政地位一定显赫。可是她一点儿都无所谓，一生演戏，乐此不疲。

作为老革命的瑞芳老师，乐于演艺生涯，甘于简单生活，着实令人感动敬佩。每次去她的家，我们常常不知好歹地向她建议“该换换房子了”。一幢临街的老房子，窗外车水马龙、市声喧嚣，又在三楼，上了年纪爬上爬下多不方便？再说，凭瑞芳老师的资历和职级，80

平方米也实在太小了，没有像样的客厅、厨房，画画写字，都搁不下一张像样的桌子。但是，瑞芳老师就是不接这个碴，不开这个口，一住就是几十年，即便官至副部级，还是不动不挪。更让我们肃然起敬的是，她对自己的小家漠不关心，安之若素，却对社会上孤寡老人的大家倾注了真心的关爱，她用自己的积蓄联手亲家母，一起创办了“爱晚亭”养老院，苦心经营十多年，耗费大量心血，直至病重期间还操心烦神，牵肠挂肚。在物欲横流的今天，还有多少人会像瑞芳老师这样，“自己吃草，挤出奶给别人喝”？一辈子淡泊名利，节衣缩食，一辈子亏待自己，省吃俭用，对别人对社会却出钱出力，掏心掏肺，这是一种什么样的情怀？

也许在瑞芳老师看来，这间屋子是小了点旧了点，但这里留给她的记忆是温馨的甜美的。是的，许多年来，每年的6月15日，这里总会响起“祝你生日快乐”的歌声。各级领导来了，同事朋友来了，晚辈学生来了，他们带来了鲜花，带来了祝福，带来了敬仰，带来了一个时代数亿观众的心愿。那时，在烛光的映照下，在动人的歌声中，瑞芳老师的脸上漾起的是笑容，流泻的是欣慰。

这间普通的屋子，因为和瑞芳老师连在了一起，它就不再普通。作为一代表演艺术家的故居，它承载着多少人的情感！我们真诚地希望它能作为上海电影文化的一个地标，永远真实地保留，永远在人们的心头留下一缕芬芳。

2012年7月

“阿崎婆”90岁了

著名配音演员赵慎之老师今年90岁了，因为子女不在身边，她独自住在南翔一家敬老院里。赵慎之塑造了许多耳熟能详的经典人物，电影《望乡》中她所配音的阿崎婆在当年更是风靡全国。

耄耋之年的矍铄

大年三十那天，尽管牙疼得厉害，我还是去看望了她；因为我答应过去探望她，我不能让老人失望。赵老师的房间宽敞明亮，也很温馨，墙上挂着字画，桌上摆着鲜花，置身其中，感觉不到一丁点孤寂落寞的气息。我不由想起，有人曾告诉我，在那些美丑混淆的岁月里，喜欢种花养草的赵老师被套上“小资情调”而受一些人讥贬，但她依然故我，一直保持着这种情调。也许，正是这种情调的浸润和滋养，已入耄耋之年的赵老师精神矍铄，神采奕奕，看上去依然很年轻，她的目光和思维，乃至那清晰的话语、真诚的笑容，似乎都没有随着时光的流逝有所改变；而茶几上放着的书报和各色零食点心，也在默默地诉说着老人丰富的生活和特有的情趣。

赵老师把我们当成了客人，冲了咖啡还沏茶，不停地招呼我们尝这个吃那个，随意地和我们聊着天。赵老师的话匣子里装着的全是译制片，一打开就是那些让她魂牵梦萦的事。她怀念老厂长陈叙一对她的培养和指点，忘不了刚从事配音时，老厂长循循善诱，叮嘱她对角色要“亦步亦趋，紧随不舍”，让她受益终身；她也忘不了自己年轻时因为瘦弱被老厂长昵称为“老太婆”的趣事，自己因此与外国片中的老太太结下不解之缘；她回忆和李梓老师共事的岁月，忘不了在一起切磋研讨剧本、揣摩分析角色、斟酌修改台词和分享成功喜悦的时刻。想到这些与自己一起栉风沐雨的老同事老战友一个个离去，她难以抑制内心的伤感，不住地告诉我:“老的，现在就剩我和苏秀了。”她感激那些一直关心她的影迷，讲起他们对她的呵护和照顾，她的脸上漾起欣慰和满足，摇着头说：“其实，我也没做过什么。”谈到译制片的前景、译制厂的未来，她收敛了脸上的笑容，流露出担心和忧虑，一个劲地问我："将来怎么办？"听着老人的话语，我的心头弥漫着对她、对那些创造过译制片辉煌的老一辈电影人的深深敬意。

创作经典的高手

我和赵老师、译制片厂有着特殊的缘分，2005年开始，我曾在译制厂当了近五年的厂长，我和这些老同志有过零距离的亲密接触，每次和他们相聚、交谈，我都能感受到他们对译制片的钟情和痴迷，触摸到他们追求艺术和注重品质的那颗火热的心。这是一批值得我们敬重的艺术家。尽管他们的身影也从来没出现在银幕上，但他们用声音塑造的角色，许许多多已成了中国电影画廊中的经典和荣耀，深得观众喜爱。

赵老师是创造经典的高手，从1951年脱下军装、告别舞台，来到上影从事配音，她在录音棚里干了半个世纪，相继为《红与黑》《广岛之恋》《尼罗河惨案》《望乡》等三百多部影片配了音，创造了众多耳熟能详的人物，尤其是《望乡》中的阿崎婆，一个受尽折磨和蹂躏而不屈抗争的日本妓女。影片借助于汉语的神奇魅力而风靡全国。赵老师倾心塑造的阿崎婆饱经风霜、浸淫着孤独辛酸的声音、嘶哑悲怆的哭喊，成为无数观众难以搁置的记忆。这位1943年就走上话剧舞台的老演员，完全有能力有机会书写另一种色彩斑斓的人生；我还想，作为抗战时期参加新四军的老革命，她完全有资格享有一官半职，过着品茗看戏的悠闲生活；但赵老师义无反顾地将青春和一生献给配音艺术，把自己的才情、激情和真情都融入那些她用声音承载的角色上。数十年，她起早摸黑地泡在录音棚里，用心灵去寻找角色的命运，用声音去塑造人物的形象，沉浸在喜怒哀乐、悲欢离合中，那时她最想做的是能有那么几天美美地睡上一觉，悠闲地到处转转。

乐观豁达的心态

年届六旬退休离岗时，赵老师突然觉得这一天来得太快了，一种失落感油然而生，一向“没心没肺”的她伤心地哭了。她无法割舍对艺术的追求、对事业的眷恋，也不愿离开她深爱的充满真诚和友情的创作群体。她说，她在这个群体里生活了几十年，彼此间融洽和谐、以诚相待，有时为了角色为了戏，大伙会争会吵，那种互相能敞开心扉的创作氛围、毫无嫉妒的人际关系，令她赞叹不已，回味无穷。正是这样的人文环境铸就了译制片曾经的辉煌，助推了她的成长和成熟。时至今日，赵老师依然牵挂这个群体，只要有需要，她依然乐意站到话筒前“过过瘾”。译制厂办活动，只要一个电话，她必定从南翔赶来参加。今年春节，厂里取消了坚持数年的离退休员工聚会，对此赵老师很有点意见，她再三对我说，这种聚会还得办，我们不图吃不图喝，就图老朋友老同事见个面道声安，所花费用我们AA制，老同志聚会一杯清茶唠唠家常又何尝不可呢？

平心说，对赵老师这样的艺术家，我们是亏欠的。他们创造了辉煌，却没享受到“高薪酬”的回报，我们真应该为他们做些力所能及的事，可赵老师“不领这份情”。她说：“我什么也不需要，我生活得很好，唯一的麻烦事就是看病。”有着北方人的豪爽和军人的坦诚的赵老师对敬老院的生活很满意很知足，挂在她嘴边的是环境的幽雅、设施的齐全和服务的周到，唯一让她感到不爽的是，作为离休干部，她看病必须到指定的市区医院，而从南翔到市区，对一个90岁老人来说，太难了。我想，没有丝毫的抱怨，这种乐观豁达的心态给了她健康和快乐。那么我们能否让她的生活少一点障碍多一些便利呢？告别赵老师后，我立即给集团离休办的有关同志打了电话，我想我们该去尽这份责，责无旁贷！然而，一个月后，当我在李梓老师的追思会上再次与赵老师相遇时，她一脸无奈地告诉我，看病的事解决不了。我无言以慰，只能在心底里默默为她祈祷，愿她永远健康快乐！

2014年3月

秦怡写“湖畔”

读完电影剧本《青海湖畔》，我的心久久不能平静。那些刚刚从我眼睛里溜走的文字，此刻又集聚在一起，像一把重锤，猛烈地敲打着我。这哪是什么剧本？这分明是一位老人从漫长岁月中提炼的梦的精髓、爱的结晶，真诚，朴实，醇厚，纯洁，像一股从心底里流泻出来的清泉。我不禁感叹，现在还有谁写这样的剧本？还有多少人会掏心掏肺地在剧本中融入自己真诚的情感？我无法用文学的语言对它做出评判，我更不愿意用商业的标尺去丈量它的高下优劣；但我相信能打动每一颗善良的心的作品必定浸润着创

作者的真情。

是的，这是一部流淌真情的剧本，捧在手里更感觉到沉甸甸，它出自我们敬重爱戴的表演艺术家、年逾九十的秦怡老师之手。我不清楚她酝酿了多久，也不了解她写了多长时间，但是一位九旬老人能以如此清晰的思路，饱蘸自己的情感去铺陈情节、设计人物、编织故事、刻画主题，抒发心声，用一笔一画，一字一句，在白纸上留下近三万个含情带泪的符号，这本身就是一幅幅能打动我的精彩画面。

通观整部作品，没有奢华的场景，没有时髦的辞藻，更没有胡编戏说的做作和噱头，简而言之，现在流行的商业标签一个也看不到。字里行间流动的是情感，张扬的是梦想，沉淀的是那个时代所崇尚的无私和奉献。咀嚼和回味让我们回到了那个有点单纯但充满精神力量的年代，似乎在聆听秦怡老师叙述自己坎坷曲折的一生，展现自己内心的情感世界，重温对事业的憧憬和追求，回味曾经拥有的刻骨铭心的爱情和失去它的痛楚，深深表达对这个国家这块土地这里的人民无限的眷恋和无悔的忠诚——我丝毫不怀疑影片女主人公、气象工程师梅欣怡的形象就是秦怡老师自身在银幕上的一次曝光。

也许，当下要让这样的剧本变成画面会面临很多困难，能否在市场登堂入室也会阻遏重重，但秦怡老师超越常规的创作已经感动了我们。她一生似乎一直在制造感动，在银幕上，在生活中；女性的善良和仁慈，母亲的博大和宽厚，衬着美丽端庄的外表迸发着慑人的魅力。撇开她塑造的那些已经成为经典的动人的银幕形象，生活中她也是观众公认的贤妻良母。她对智障儿子所倾注的全部的爱成了社会传颂的美谈；她倾自己所有的积蓄向汶川地震捐款的壮举影响了九州方圆；她无怨无悔地参加各类社会和公益活动，甘当呼唤真善美的“志愿者”。也许，有人会说这么一把年纪了，没有必要再东跑西颠、抛头露面了；但秦怡不这么想，她认为社会和观众给了她太多了，只要自己有一点能耐就应该责无旁贷地去报效去回赠。近几年，随着一些德

高望重的老艺术家的离去，作为上海电影界老艺术家的代表人物，她更忙了，她觉得自己有义务代表老一辈去担当应该担当的责任。每次接受邀请，她从来不讲条件不争报酬，每次参加活动她都真心投入，精心准备，有时上台朗诵，大段大段的台词，她能练得滴水不漏。前年她参加全国文代会，闭幕晚会上，她上台朗诵，到了台上才发现眼镜拿错了，看台本一片模糊；但她没吭声，硬是凭着自己的记忆完成了演出。无须称赞她的记忆如何如何，这一切都是“认真”二字所衍生的成果。我想，这就是“品”，就是素质。秦怡老师如此忘我，值得我们敬重，也常常让我们心生内疚。这些年，我负责上海电影家协会的一些工作，经常参与策划组织一些活动，为了提高档次，为了增加分量，我们常常邀请秦怡老师作为嘉宾参加，秦怡老师总是是有求必应，乐此不疲，从来不提任何条件。有时我会于心不忍，总觉得我们这样做是在“过度消费国宝”。然而，当秦怡老师决定写“湖畔”，拍“湖畔”后，我真正感受到了她的旺盛的创造力和顽强的生命力。我突然理解了“工作着是美丽的”这句话的诗意和魅力。

秦怡老师总是那么端庄美丽神采奕奕，总是那么精力充沛神情灿然，但她是一个饮食随意、生活低调的人。在无数人寻觅抗老防衰灵丹妙药的今天，秦怡老师以她的精彩“演技”告诉我们，一个怀揣梦想、执着追求的生命，就会年轻，就会美丽，就会富有创造力，就会快乐和幸福!

2015年7月

小燕子，春天的使者

“小燕子，穿花衣，年年春天来这里……”每当耳畔响起这熟悉的歌声，我记忆深处储藏的王丹凤老师年轻时清纯甜美、婉约可人的形象倏然间就会闪现在眼前——《家》中的鸣凤、《护士日记》里的简素华以及“女理发师”。

久违了，小燕子！久违了，丹凤老师！许多热心的观众都有这样的感受。我也不止一次地接到这样的询问：“丹凤老师现在在哪里？她好吗？”

丹凤老师好着呢！尽管大伙难以在公开场合寻觅到她的踪影，但是，她依然穿着花衣，依然陪伴着春天，依然迷恋着电影，依然惦记着观众……在邻近复兴路的陕南村，年届耄耋的她，健康快乐地生活着。

丹凤老师是大明星，早些年就跻身于我们崇拜的二十二个明星之列，红遍大江南北、海峡两岸；她还担任全国政协委员，在文艺界很有影响，尤其是1985年作为特邀嘉宾专程赴美参加里根总统的就职典礼后，其“重量”不言而喻。可是自打退休以后，这二十年，无论是银幕荧屏还是报纸杂志，很难看到她的身影，听到她的声音，人们都以为她隐居了。其实，她的心一直牵系着银幕，做梦也想演戏，但没有适合自己的剧本、没有自己喜欢的角色，她甘于寂寞，也不会委屈自己，用她自己的话来说“演员演戏要对得起艺术，对得起观众，也要对得起自己。”她躬身自退，悄悄地离开了演艺圈，重新开辟能发挥余热的新天地。1992年，她和她先生柳和清一同去了香港。柳和清，这位当年上海滩国华影业公司老板柳中亮的公子，这回自己真的当了老板，在繁华闹市开了一家“功德林”素菜馆，生意做得像模像样、红红火火。王丹凤名正言顺是老板娘，可是她没兴趣扮演这样的角色，热衷的还是香港电影界的事。那时，香港临近回归，需要她去做的事很多，凭借她当年在香港积攒的人脉关系，她成了大忙人，店里的事根本无暇顾及。她依然是只不知疲倦展翅飞翔的“小燕子”，守护着春天，放飞着梦想，用匆忙的脚步丈量着自己的艺术人生。1995年，我去香港，一心想见见久违的丹凤老师，两位老人知道后热情邀请我去功德林做客；可是那天到了功德林，迎接我们的只有柳先生，丹凤老师临时有急事去了新华社。事后，丹凤老师特地打电话表示歉意，可我心里漾起的却是深深的敬意。

随着年事的增加，在快节奏的香港打点饭店生意非两位老人能力所及，于是，他们又急流勇退，“比翼齐飞”，回到了故里上海，过起了丰富低调而快乐的生活。柳先生鹤发童颜，一身朝气，是位称职的外联部长，经常与电影界的新朋故旧聚首言欢，我也曾有幸被邀。这位出身电影世家、《上影画报》的创办者、干了一辈子电影的老先生真是上海电影的活词典，一肚子趣闻逸事。聆听老先生侃侃而谈，我常想，有这样健谈又不失幽默的爱人陪伴一生，丹凤老师一定是幸福的快乐的。是的，这对伉俪从1951年携手，风风雨雨已经走过了六十多个春秋，真爱是他们的导航仪。唯独与先生不同的是，这些年丹凤老师不再愿意抛头露面了，也难得参加有关电影的活动，更不喜欢出现在镜头中。这不是她矫情，更不是清高，她总觉得自己年纪大了，不能为观众带去什么就不必再凑那份热闹了。但是，每次我们去看她，她都高兴得像个小女生，一聊起电影还是神采飞扬，许多记忆中保存的往事依然令她一脸灿烂。每次见了丹凤老师我越发敬重她，为她这种淡泊清逸的生活态度所折服，也为她对电影对观众的那份挚爱而感动。

岁月流逝。我们都会渐渐变老，但春天后面不是秋，不必为年龄发愁。丹凤老师用乐观豁达的态度和清醇甜美的笑容为我们作了生动的诠释，她——“小燕子”，不老的春天使者。

2013年6月

丹凤鸣柳　和声清越

今年，王丹凤老师90岁高寿了。上海电影家协会原打算为她热热闹闹地庆贺一下，但拟定的活动方案全被她和她的先生柳和清婉言谢绝了。“影协”的同志找我商量，我熟悉他们行事低调的风格，专门给柳先生打了电话，请求上门拜访。两位老人欣然接受了我们的请求。

低调生活

对这次“家访”，丹凤老师挺重视的，头天晚上，突然下雨了，丹凤老师特地给我来了电话，问我还去不去，什么时候去，几点钟到，哪些人去？并再三关照啥也不要带，图的就是老朋友见见面，亲切的话语中流露出老人期待孩子看望的兴奋和喜悦。放下电话，我心里涌动的是敬重和爱戴，我敬重她的朴实和低调，敬重她对名利的淡泊。在我的记忆中，丹凤老师退休后就不再在公开场合抛头露面，过着平静低调的寻常生活。20世纪90年代初她随夫君柳和清先生去了香港，柳先生“80岁学吹鼓手”，开办功德林素菜馆，她则凭借自己的特定身份和人脉关系，在电影界为香港回归默默地做了许多有意义、有价值的事。很长时间，各种媒介上几乎看不到有关她的片言只语，各种电影界的重大活动上也难觅她的足迹踪影，她远离了大家的视线，退得很利索很干净。她喜欢“宅”，不喜欢“显山露水”；她喜欢静，不喜欢“惊动别人”。她不接受采访，也不写回忆录，就连文联打算将她列入丛书“艺术家谈艺录”的请求，也被她笑嘻嘻地谢绝了。她说过去的已经过去了，现在和将来属于年轻人，自己应该安安稳稳过自己喜欢的生活。其实，作为从影半个多世纪的老艺术家，作为在中国电影史上留下浓墨重彩的著名演员，她的艺术生涯、人生历程、人品艺德，有很多亮点值得开掘弘扬。然而，老人不愿意去碰触被封存的历史，我想除了淡泊，或许还有什么。

丹凤老师的家里装饰陈设十分简朴，完完全全一个普通的上海人家，这一切又印证了这对影坛伉俪的生活基准——低调简单。他们享受着这种恬静安逸的生活，沉浸于这种和谐温馨的氛围。他们相敬如宾，从1951年携手步入婚姻殿堂，至今已经栉风沐雨送走了六十多个春秋，依然相亲相爱，柳先生直言不讳：“演艺圈像我们这样没有一丁点绯闻传说的夫妻，极少。”柳和清老师的坦荡热情溢于言表，一个富家少爷，一位影坛明星，能“出淤泥而不染”，少见！

丹凤老师尽管腰部有疾，行动不便，但依然硬撑着接待我们，一见面就攥着我们的手，嘘长问短，那种热忱和真情，真像长者见到久别的小辈一样。虽然岁月无情地改变了她的容颜，但她的笑依然甜美。她爱笑，从见面到告别，笑容没从她脸上褪去，她挂在嘴边的是“你好吗？”“你们怎么样？”那双明亮的眼睛中注满了关爱和呵护。她不停地招呼我们饮茶喝水，执意和我们一起分享生日蛋糕。我们为她点上了蜡烛，她双手合十，双目微闭，在“生日快乐”的祝福声中许了愿，摇曳的烛光映红了她的脸，点燃了灿烂的笑容。

宽厚待人

丹凤老师是大明星，是全国政协委员，但生活中，她是位心地善良、秉性温柔的普通女性，从不摆架子、不讲派头，说话轻声慢语，做事礼让三分。1995年，我去香港参加电影节，她邀请我去功德林做客。谁知那天，她临时要去新华社参加紧急会议。按说在电话里打声招呼即可，可丹凤老师除了电话里再三致歉外，依然七拐八转赶来，当面说了好几声“对不起”，那种真诚宽厚让我感动。

柳和清老师也是一位襟怀坦白、心胸宽广的好人。从小浸淫在电影圈的他，谈电影如数家珍，旮旮旯旯，无所不晓，话语中充满了对自己父辈的敬仰和尊重。尤其是讲到当年他父亲柳中亮先生创立的大同电影公司一年能拍十部电影时，他的脸上划过一丝骄傲。他笑着说，当老板心地要宽，手脚要大，要学会把能人聚拢在自己身边，当电影公司老板更要善于和编剧、导演、明星交朋友，不能为艺术而艺术，也不能居高临下，颐指气使，要真心地深入到他们的生活中去，和他们一起上酒楼进茶馆到书场去戏院，掏腰包买单，彼此间不分上下主次，知根知底以诚相待，合作就非常默契和愉快。柳先生出身资产阶级，经历难免坎坷，但回首往事他不是怨声载道，而是幽默风趣，一笑了之。很多年，他被套上“资产阶级”的帽子，不能“乱说乱动”。他心中纳闷，自己没有当过一天老板，上影一成立他就加盟其中，还当过宣传科长，创办了《上影画报》，怎么是“资产阶级”呢？90年代，他去香港开了菜馆，才真的当了回资本家，感觉倒是不错的，靠着父亲留传的那些宽待下属的做派也赚了钞票。柳先生的豁达和宽厚得益于父亲的言传身教，得益于家风的濡染熏陶。

行善积德

两位老人的一生，有苦难也有荣耀，有辛酸也有快乐，其中最能引以为傲的是1985年。他们应里根总统的热忱相邀，专程赴美，在白宫参加总统就职仪式，这在中国绝无仅有。提起这段经历，两位老人依然难抑喜悦之情。柳先生说，刚接到这份邀请时感到茫然蹊跷，里根虽说是演员，但和他们夫妇没任何交往和联系，怎么在偌大的中国就邀请他们呢？他们心存疑窦。然而，接下来的一切彻底打消了他们的顾虑，外事部门很快给他们办理了手续，去北京美国大使馆办理签证时，大使亲自出马将他们作为总统的客人而开了绿灯。这次美国之行，让他们开了眼界，更让他们收获了时空无法侵蚀的那段友情。原来操办这件事的是柳先生当年在东吴大学读书时的一位同学。

这位同学因家庭突发变故经济拮据而准备辍学。柳先生将这事告诉了父亲，父亲在得知这位同学学习刻苦、成绩优良后，慨然允诺这位同学的学费由他全额承担，助其完成学业。时隔三十多年，这位同学为了报答“滴水之恩”，曾专门登门致谢，执意要给恩人回馈一笔美金。柳先生义无反顾地拒绝了。这种行善不图回报的品行，更激起这位同学的景仰，于是，当她的丈夫成为里根总统竞选班子一员并取得成功后，他们将一份无数达官显贵觊觎的荣誉给了远在上海的柳先生夫妇。我想，倘若细细挖掘，这段经历可以构成一部电影的桥段，能释放出亘古不变的正能量。

和柳先生交谈，既能了解上海电影的枝枝节节，也能学到许多做人的道理，还能体会到“少年夫妻老来伴”的真情。告别两位老人后，我眼前依然闪现着那幅充满温馨的画面；那烛光映照的熟悉的脸，以及烛光般燃烧的热情。耳边骤然响起“小燕子穿花衣，年年春天来这里”的歌声，我的思绪随着歌声去追逐那逝去的美好时光。

2014年12月

80岁在即，他捧回了“金鸡”

徐才根，一位几乎演了一辈子小人物的老演员，做梦也没想到，在他将80岁时，竟然“击败”众多俊男靓女，凭借影片《团圆》的精彩表演，一举夺得第28届中国电影金鸡奖最佳男配角。

那是一个星光璀璨的夜晚，也是才根一生中最辉煌最激动的夜晚。当穿着西装打着领带的徐才根，神采奕奕地走上领奖台捧回那只金灿灿的大金鸡时，全场掌声雷动，久久不息。坐在电视机前的我目睹这动人心弦的一幕，竟然由衷地发出了欢呼。我为老徐喝彩！我为上海电影人喝彩！我为那些默默无闻甘当绿叶的艺术家喝彩。

容易吗？不容易！真的。从上海郊区农户家走来，一路栉风沐雨，从青春年少到皓首耄耋，跑龙套当配角，坚持了五十多年，没有彷徨，更没有放弃，不为名不为利，掏心掏肺地塑造好每一个角色。现在还有多少人能做到？

容易吗？不容易！真的。在演艺圈浸淫了半个多世纪，在名利场滚爬了五十多年，依然难弃农家人的朴实敦厚，依然深藏着对创作的一腔真情，即便在物欲横流的今天，他不急不躁，挡得住诱惑，耐得住寂寞，钟情于自己喜爱的电影事业，醉心于那些充当绿叶的小人物。时下又有多少人甘于如此？

难能可贵的是他做到了，而且做得十分到位。因为他信奉的是，“不管戏多戏少，认真演就是好演员”。他确实是位好演员，细细数列他五十多年来演的角色，无论是《舞台姐妹》中的那位乡下琴师，还是《城南旧事》里宋妈的那位农民丈夫，抑或是没两句台词的苏北老汉姜老三，哪一个不神情毕肖，挟裹着生活的土味和普通人的真情？难怪，许多导演在遇到“别人不愿演，或者一般人演不了”的角色时，都会想到才根。而才根，古道热肠，“恭敬不如从命”，不谈报酬不计戏份，乐于担当，用自己的经验和记忆为影片添彩加色。

说他是好演员，不能只说他天生长就一副苦大仇深、饱经风霜的脸，更重要的是还有着一副屡经敲打锤炼的身子骨。几十年来，老徐十分注重自己的形体，严防“潜肥默胖”，演不了那些精瘦能干的平头百姓。如今，近80岁的他还是不辍锻炼，依然意气风发、身材健硕，坐如钟，站如松，形如风，浑身腱子肉，一块一块都成形的，那模样要比实际年龄年轻20岁。

我认识老徐多年，从没见他眉飞色舞、夸夸其谈。在剧团，他是老字辈的，可他从来不会倚老卖老，他谦和真诚，低调行事，默默奉献。在摄制组，他老当益壮，非但不要特别照顾，而且还能主动承担许多分外事。

功夫不负苦心人。才根抱了金鸡，这是对他一生最好的褒奖。在送去美好的祝愿时，真诚地希望这迟来的荣誉给老徐带来更多的快乐、更大的进步。

老徐确实把得奖作为自己新的起点，还是甘当绿叶，默默地垂着绿荫。只要有戏演，自己又能胜任，就不谈价钱，不争待遇，使出浑身解数。青年导演颜雷拍摄自己的处女作《归去》，很想请老徐出演男主角，但因为摄制经费局促，拿不出像样的酬金，颜雷担心请不动老徐，找到我，要我帮他说说情。其实，不用说情，小颜一开口，老徐立马答应，并表示："酬金给多少都行。"把小颜感动得不知说啥为好。更让颜雷感激和敬佩的是，在整个摄制过程中，老徐总是早来晚走，不仅守规矩，而且非常尊重导演，对角色的把握分寸得体，表演轻松自如，富有生活质感。颜雷曾经真诚地对我说，这部影片能在好几个电影节上获奖，才根老师的表演功不可没。

是的，在电影的百花园里，没有才根老师这样一群默默奉献的演员，就不会姹紫嫣红，百花争艳。

2011年11月

许还山，我的大哥

许还山是我尊重爱戴的电影演员，因为都姓“许”，我喜欢用“大哥”称呼。

认识大哥是在20世纪80年代初。那时，他来上影拍摄电影《张衡》。初次见面，我就被他深深吸引了、感动了。他长得很“酷”，身材颀长，体形健硕，线条硬朗，标准的“硬派小生”；更难能可贵的是，他是那么朴实、率真，刚毅的外表、热情的谈吐，传递给我的是善解人意，是豁达坦诚，是疾恶如仇的刚烈，是知书达理的婉约。最打动我的是，我从许多资料中知道了他的过去，一段曾经洒满血泪、坎坷曲折的人生历程：一个老革命的后代，一个北京电影学院表演系的高才生，一个19岁就被打入另册的“小右派”，一个被赶到京郊农场和新疆戈壁荒野接受劳动改造的失去自由的人，一个挣扎在苦难艰涩中与死亡疾病进行过无数次抗争的流浪汉，一个在感情上遭遇深重创伤的独行客，一个42岁才初涉银幕的“老演员”……在长达二十二年的人生的黄金时代，他像荒原上的一棵苦蒿，任凭风吹雨打、霜欺雪侮，几乎奄奄一息。但是你在他的脸上看到的不是沧桑，而是阳光；你从他的言语中觉察不到哀怨、懊恼和愤懑，他目光如炬，激情似火，他那宽阔的胸怀中流溢着死而复生的喜悦和幸福，涌动的则是青春和力量。记得，在创作张衡这个角色的过程中，我们有过多次接触，他很睿智也很勤奋，他几乎查阅了所有他能找到的有关张衡的资料，对角色和角色所处的那个时代的理解十分透彻，他研读古文，他苦练书法，在很短的时间里就能写出一手让人难以置信的隶书，时至今日他的书法技艺已列入名家了。

认识大哥近三十年来，印象最深的是他的勤快和热情。眼下，大哥的隶书享誉电影界，大哥的摄影技术也早已达到专业水平，偶尔相遇，常见他肩上挂的、手中攥的都是照相机。在许多电影界的活动中，他俨然成了影迷和粉丝，捧着照相机在人群里挤呀钻呀，寻找各种机会和角度。他好学，而且投入专一，不辍不废，持之以恒，学而有获。他具有大哥风范，待人热情是他不变的秉性。拍《张衡》时，作为主角的他除了演好戏，还乐于帮助道具、服装搬物卸货。谁有事只要招呼一声他二话不说，使出浑身力气帮你。那次，我们换了房子，找些人帮助搬家，他未请自到，楼上楼下不知跑了多少趟，累得汗流浃背也顾不上歇一会儿。那会儿，说他是明星没人信，说他是搬运工，没人不信。那种任劳任怨、不知疲倦的做派，可以清晰地捕捉到他在新疆忘我劳动的身影。

大哥办事特勤快也挺认真。他热心于电影表演学会的工作，尽管一切都是无偿的，甚至要自掏腰包，他也乐此不疲。记得80年代末，在上海举行表演学会年会，一下子聚集了上百位老中青电影演员，组织工作之难可想而知。大哥义无反顾地早早赶到上海，主动承担起这项工作，起早贪黑，废寝忘食，前前后后忙了一个月。2008年10月26日是著名导演谢晋的追悼会，大哥10月25日就赶来了，带着他亲自书写的巨幅挽幛和一些必备的工具，自己动手在追悼会现场忙碌了半天，那股真诚，令人感动。

大哥很仗义、特记情，他的爱人是一位出生在新疆的纺织女工，她虽然文化水平不高，但她继承了中华女性的传统美德和优良品质，在大哥生活最黑暗的岁月她带着一颗善良的心和温柔的情出现在大哥身边，安慰、呵护、鼓励着这位文化人。在大哥因误食有毒蓖麻油而遭受死神裹挟、命悬一线时，她倾其所有，十多个日日夜夜守护在医院，一刻也没有离开过大哥，以坚韧的意志和深挚的情感击退了死神。这些，大哥都铭记在心。在大哥重新获得返回京城再当演员的机会后，大哥言辞凿凿地表示，要回必须和妻子一起回！在大哥的坚持下，最终西安电影制片厂热情地接纳了他俩。数十年来，老夫妻相敬如宾，胼手胝足，不仅把生活安排得丰富充实，为大哥在影坛一展抱负而创造了良好的家庭环境，而且在大哥的言传身授下，大嫂在文学、书法和摄影等领域颇有建树，也成了文化人。大哥就是这么一位看似粗犷、内心细腻、重情讲义、知恩图报的人。2008年他匆匆路过上海时从友人口中得知我女儿正准备举办婚礼，随即让友人带来一份礼物，送上了他美好的祝愿。其实还是在女儿姗姗学步时，大哥见过，三十年过去了，他依然没有忘却那个曾经叫过他“伯伯”的小丫头。

这就是我的大哥许还山，一个值得我永远尊敬爱戴的电影演员。

2010年5月

杨在葆，铮铮硬汉

杨在葆，魁梧、伟岸、彪悍、粗犷，英雄模样，侠骨柔肠，在中国影坛堪称“一哥”。尽管他很低调，不愿意显山露水，但他的每一次公开露面所透逸出的阳刚之美都会形成一个很大的磁场，吸引观众的眼球。即便今天他已年逾古稀，往那一站，还是挺拔依旧。

杨在葆是当仁不让、名至实归的硬派小生，他不仅形体富有线条，而且性格也特有棱角。这位从淮北平原走来的硬汉，豪爽、坦诚、质朴、豁达，曾一度成为银幕上最令人难忘的兵哥之一。《红日》中的石东根、《白求恩大夫》中的徐连长、《从奴隶到将军》中的罗霄，一个个有血有肉、活灵活现，始终活跃在我们的记忆中。步入中年后，演兵的机会少了，但他满腔的热血和浑身的激情，依然在银幕上塑造着铁骨铮铮的硬汉，《血，总是热的》和《代理市长》中富有改革意识、时代特征、疾恶如仇、正气凛然的形象，抒写了他的情怀，表达了他内心的诉求。老杨是个富有正义感的人，他在生活上很容易满足，粗茶淡饭、简屋陋室，他不讲究，吃苦耐累，他也无所谓。他曾经对我说过，他是从淮北贫困地区走来的，当年考进上海戏剧学院后，能吃上米饭、馒头和猪肉，“那日子就像天天在过年”。这种朴素的情感一直在鞭策着他，让他懂得珍惜，让他知道感恩，让他明白怎么做人怎么演戏。他演戏很认真，接戏更是挑剔，剧本好戏好，给多少钱也演，戏不好给再多的钱也不干。这些年，演员的酬金“见风长”，老杨凭他的形象和影响，想挣点儿钱不是件难事，但他不仅不愿为五斗米折腰，而且在许多场合包括各种会议上对时下艺术创作脱离生活粗制滥造大声挞伐，对一些演员的表演和做派也毫不留情地提出批评，尤其是每年的电影表演学会年会上，他都直言不讳地表达自己的观点，不遮不掩，坦

坦荡荡。他就是这样，宁肯闲着、穷着，也不跟风，更不屈从，还是一身正气一副傲骨。

生活中的老杨没有一点傲气和架子。这些年，他迁居北京，可是上海举办有关电影的活动，他是常客，尤其是一些老艺术家的生日或从影纪念活动，他都能怀着真心和热情赶来，非但不提任何要求，还常常亲自上台朗诵献辞。他经常说的一句话就是，没有这些老一辈艺术家的提携和帮助，我杨在葆不会有今天。感恩，是他一生恪守的信条。

我和老杨认识近三十年了，他在我心目中留下了许多精彩的画面和生动的瞬间，而其中最让我感动而难忘的是这么一个镜头。那是在老杨的前妻、他的同学夏启英病逝后不久，我冒昧来到了老杨的家——宛南新村的一间极普通的工房。门打开，我惊呆了，这位银幕上的硬汉、观众眼中的明星，竟然穿着短裤打着赤膊，双手尽是肥皂沫。老杨略显尴尬地将我让进了屋，小小的客厅里放着一盆浸泡着肥皂水的衣服。我不由地叹了口气，心里像被什么堵住一样。我想，妻子的离去，精神上的打击已经够大；一个大老爷们拖着两个尚未懂事的孩子，又该有多难！老杨就是这样艰难地生活着。直到许多年以后，孩子们都已长大成人完全独立了，他才再一次找到自己的归宿。值得庆幸的是，苍天有眼，老杨的晚年是幸福的。

2011年3月

“大大”我尊敬的“兵哥”

认识袁岳已经很久，但每次见到袁岳，总有一种十分亲切的感觉。迎着真诚的笑容，握着厚实的大手，我怎么也不会相信，站在我眼前的是一位年逾八旬的老人。魁梧，健硕，敦厚，岁月似乎只是与他擦肩而过，难以掠取他肌体和血液里深藏的军人的神韵和气质。然而，就是这么一位经过战火锤淬的硬汉子，在一场突如其来的大病的袭击下倒在了病榻上，手术留住了他的生命，但他的体重一下子掉了六十多斤，整个人瘦得脱了形。我去医院探望他，竟不敢相信自己的眼睛。令我欣慰的是，老袁的精神没有垮，老兵的性格依然在，清癯的脸上还驻留着熟悉的笑容，话语虽然没有了铿锵，但还是那么风趣爽快。他说："我以为这次该到毛主席那里报到去了，可毛主席不收，挥挥手让我回来了。"

袁岳是毛主席的兵，是个老资格的兵。早在1946年解放战争的大幕刚刚开启时，血气方刚的袁岳就参了军，尽管是文艺兵，但在战役频仍、烽火连天的岁月和50年代守卫海疆的日子里，他的生活就是行军、打仗、演出，昼夜劳顿、生死难卜，复杂的环境和艰苦的生活锤炼了他的体魄，也铸就了他的意志，更让他从骨子里储存了军人的丰富情感和无上荣光。他的这份生活体验和情感积累，也成就了他的演艺事业。从苏南军区文工团到南京军区前线话剧团，再到上海电影制片厂，从舞台到银幕，他一路走来，紧紧陪伴他的就是不同的兵。他因兵而与艺术结缘，也凭借艺术而使他的军人形象大放光彩。1964年，一部《霓虹灯下的哨兵》的电影，让全国人民熟悉了他，也让毛主席认识了他，在中南海，毛主席等党和国家领导人亲切接见了他。"赵大大"这个成功的银幕形象，给了他一生都无法消退的光环。媒体的追捧、观众的赞誉，领导的接见，鲜花掌声曾经令他激动、兴奋；

但他没有陶醉，没有忘记自己是谁，将这一切视作过眼烟云。几十年来，萦绕他心头的始终是“兵”，他无法忘却自己是个兵，他无法忘却那些在战场牺牲的兵兄弟，他也无法忘却那些默默无闻守家护国的兵战友，更无法忘却他曾经塑造的“赵大大”这个“大兵哥”。银幕上的他一身正气，演绎了一系列书记、老干部的形象。生活中的他，一位离休老干部，一个普通的人。他，不搭架子，不讲做派，言谈举止，举手投足，还是一个兵，还是那个“霓虹灯下的哨兵”赵大大。

“大大”特爽。他说话“炮筒子”，一是一、二是二，丁是丁、卯是卯，喜欢“直射”，不打官腔，一语中的。话音虽高，但不伤人，也不咄咄逼人，流泻的是真诚。

“大大”特省。他生活低标准，粗茶淡饭，布衣简装，一点不讲究。无论参加什么活动，他不会提任何要求，吃住行随大流。他保持着良好的习惯，准时按点，有板有眼，朴实得就像看门的大爷。

“大大”特讲组织性。只要是组织交办的活，一定不讲条件认认真真完成。离休后他依然故我，无论是电影厂还是电影家协会，抑或某个单位某个机构，请他参加正儿八经的活动，他从不拒绝。在人们眼里，他是明星，在他自己心中，他只是一个兵。他喜欢讲“南京路上好八连”，讲《霓虹灯下的哨兵》，讲出演赵大大的创作体会，讲当年周恩来总理在家里宴请他们的情形，讲受毛主席三次接见的经历，言语间充满着当兵的自豪。每次在观众面前出现，他最习惯最标准的动作就是挺胸收腹送上一个军礼。

“大大”特懂普通百姓的心，凡是能和观众交流的机会，他从不放弃。那年，上影参与组织“文明礼仪伴我行交通”活动，要组织一批志愿者去南京路向行人宣传交通安全，和南京路有着特殊感情的袁岳积极报名，踊跃参与，顶着酷暑挥着小旗在路口站了一整天，又累又渴，不过“赵大大”的出现受到行人的关注，他的演示和讲解自然也就产生了“明星的特殊效应”。世博会期间“影协”在万达影城举行迎世博电影惠民活动，请他和观众见见面讲讲话，他没说二话，起了个大早，赶到五角场，非常诚恳地融入观众中，那些上了年纪的老观众看到心仪已久的“赵大大”，手拍疼了，眉毛笑弯了。他就是这样，一个“黑不溜秋”的当兵的，只要人民需要，只要组织有令，他就义无反顾地投入。他说，这是革命人的职责。

是啊，“革命人永远年轻”，一贯虎气生生、充满青春活力的“赵大大”，不会向病魔低头，不会轻易地告别自己钟爱的电影，也不会向深爱他的观众说再见。我们衷心祝愿他早日康复，再现赵大大的英武形象。

2013年5月

一段难忘的交情

董存瑞是我们这一代人最崇拜的英雄，电影《董存瑞》是我们学生时代最爱看最着迷的电影，他高举炸药包高呼："为了新中国，前进！"的那一瞬间在我们心中矗立起一个至今都无法忘怀的光辉形象。因为银幕上的董存瑞，我们认识了他的扮演者张良，这位穿军装的演员自然是我们的偶像，他担纲主演的《打击侵略者》《哥俩好》《三八线上》《战上海》也成了我们百看不厌的经典名片。

第一次见到心仪已久的张良是在1985年。那年，作为珠江电影制片厂的导演，他带领摄制组来上海拍摄影片《少年犯》，我那时主编着一份电影杂志，电影界的名人光临上海，只要可能我都会亲自去拜访。听说张良驾到，我岂敢怠慢，能和自己心中的偶像零距离接触，那是我多少年的梦想。在上海中山西路、吴中路口的一家极其普通的宾馆，我俩一见如故。尽管他年长我十多岁，但他的心态、他的思维、他的话语中迸发的激情，非常年轻，非常实在，可以用朝气蓬勃四个字来概括。他是大明星，但给我的感觉是热情、真诚、朴实，脸上总是洋溢着抹不去的笑容，两个腮帮上的小酒窝相得益彰，透溢着率真和帅气。那次接触，他敞开了胸怀，我也走进了他的心灵，在触摸到他的过去后，更增添了一份惊叹和钦羡。我没有想到，这位神采奕奕、头顶光环的大明星，也曾经历磨难、饱尝痛苦，承受了心灵和精神的煎熬。50年代，他少年成名却天真无瑕，活泼风趣又口无遮拦，结果，“祸从口出”，被打成“右派”，遭遇批判。“文革”期间，他又厄运缠身，被无情地剥去军装，押回东北老家接受劳动改造，肉体和精神受到一次次摧残。幸好他患难中结识的妻子王静珠对他不离不弃，用纯真的爱抚慰着他、陪伴着他，与他携手走过了人生的谷底。谈起这些，老张只是浅浅一笑，意味深长地对我说，年轻人多受点苦难和折磨不是坏事。是的，正是这些磨难让他更加懂得生活更加珍惜感情，更加明白作为艺术家应该关注什么、塑造什么，才会让他觉得有责任把镜头对准普通人，才会全身心地聚焦于“少年犯”。

张良在上海期间，只要有空儿，我会经常和他聊天，和他掏心掏肺。我觉得他是一本厚厚的书，翻开每一页都会读到精彩之笔，让你感受到一个闪光的生命才会承载起艺术的真谛。我循着他的足迹寻觅，写成了近四万字的报告文学《张良夫妇和少年犯》，发表在1986年《剑与盾》文学杂志上，并获得当年度“剑与盾文学奖”的优秀作品奖。

张良是位在艺术上精益求精、追寻完美的人。在《少年犯》拍摄接近尾声时，他告诉我，他的片名“少年犯”三个字想用手写行草字，以显示狂放遒劲的张力，但找了几位小有名气的书法家试写后不甚满意，想请我帮忙再找些人试试。我盛情难却便一口答应了，但找谁呢？我心里没有一点儿谱，转而一想，自己平时也酷爱写字，求人还不如求己，反正又不担风险、也不取报酬。于是，铺纸研墨，提笔一口气写了六条“少年犯”大字。令我惊喜无比的是，我的字竟然真的被张导演选中了。于是，电影《少年犯》刻上了“许体”墨宝，我为影视剧题写片名的处女作由此诞生。

二十多年过去了，我和张导演天各一方，难得见面，但当年的那些情景依然历历在目，成为我经常回味的美好的记忆。

2010年4月

农村片的金牌导演

赵焕章导演的质朴在电影厂是有口皆碑的。1952年从山东大学艺术系毕业的他，带着与生俱来的齐鲁人的质朴走进了大上海。六十多年过去了，那种质朴在他身上依然清晰可见。一口带着山东味的普通话、一身朴素的服饰、一脸不掺一丁点假的笑容，爽朗的谈吐、直率的表达，就像常见的站在山东农村田间地头和农民聊天的乡村干部。

记得他74岁那年，带着号称“天下第一嫂”的王馥荔等一帮演员，在山东文登拍摄了被他定为自己封箱戏的农村片《婶子》。影片即将投放市场前，他执意要带着主创去文登酬谢那些曾经给予他厚爱和支持的老少爷们。文登临海，冬天寒风凛冽，但赵导带着我们走山道，循小路，深一脚浅一脚地走村串户，挨家拜访当地的村民，亲手送上礼物。在桌旁炕前，老赵热热乎乎地和老乡聊着，那神态、语气就像和家里人拉呱似的。那天晚上，我们还专门在露天放了一场《婶子》招待四乡八村的乡亲，赵导和王馥荔等主要演员还和大伙见了面。看到自己尊崇的导演、明星，目睹自己熟悉的场景、人物，乡亲们，使劲拍手，乐啊，笑啊，那热气腾腾的场面让我深受感动，我更理解赵导钟情于农村片的心愿和情谊所在。虽然他在上海生活了四十多年，但繁华的都市无法剥蚀他对故土的眷恋，名利场的喧嚣也难以淹没他对乡情的怀念，因此与其说他对农村片情有独钟，还不如说他对农民兄弟一往情深，对故乡梦牵魂萦。他怀着真情实感，在不被看好的农村片领域里精耕细作，默默探索，从《喜盈门》《咱们的牛百岁》到《咱们的退伍兵》，乃至《婶子》，他把创作的视角对准了农村，对准了故乡，对准了他熟悉的乡亲。他用质朴的手法创作质朴的题材，表现质朴的生活，也征服了质朴的观众。他创造了《喜盈门》发行各类拷贝四千三百一十二个，观众人次三亿一千多万的辉煌业绩。他的农村三部曲分别在百花奖金鸡奖中折桂。这些成功没走捷径，没绕小路，靠的就是赵导演的“质朴”和执着。

赵导演的热情也是熟悉他的人有目共睹的。他对农村题材热情关注，对农民作者也是热情相携、真诚相待，心贴心手把手地给他们指导和帮助；尽管这么做要花费太多的精力和心血，但他乐此不疲，因为这些作品散发的浓郁的时代气息和泥土芬芳深深吸引着他。《喜盈门》的编剧辛显令当年是位山东农村的业余作者，初次涉足电影就受到赵导的眷顾。老赵每天和他泡在文学部的创作楼里，一场戏一场戏地聊，一个镜头一个镜头地改，直到剧本成熟。《喜盈门》的成功彻底改变了辛显令的命运，他不仅走上了文学之路，而且还当上了县里的宣传部部长。被赵导改变命运的还有“大胡子”袁学强，他来自山东荣成，一脚泥土，一身海味，是个迷恋电影的文学青年。他没想到他会因为《咱们的牛百岁》和老赵结缘，并在老赵的扶持下一举成名，最终走进威海市，当选文联主席。更让他难忘的是他当官以后，老赵依然不断提醒他坚持创作，于是便有了第二次合作的农村片《婶子》，也带出了另一位编剧、文登的文化局局长陈全伦。赵导帮助、提携了这些年轻人，让他们出了作品，也重新定位了自己的生活，可贵的是赵导总觉得这是自己应该做的，不计报酬，不图回报，心甘情愿。尽管从题材到剧本，字里行间都闪烁着他的智慧，倾注着他的辛劳，尽管这些年轻后生都执意将他列为编剧，但他毫不犹豫地拒绝了。对名利，他缺少的恰恰是热情。

赵导淡泊名利，还留下一段佳话。1984年，上影厂领导新老更替，要选拔政治强、年纪轻，有专业能力的业务干部进班子。赵焕章是上下公认的人选。但质朴的老赵没有被“官位”所迷惑，但又不能公开违抗组织的意图，他采取软磨硬泡的策略，打起了“太极拳”，想着法子笑嘻嘻地躲开了这次高升的机会。他就是这样，一辈子迷恋艺术、钟情电影，默默地担当着导演的责任和使命，是一个作风谦恭、行事低调的艺术家。

2012年9月

酒龄和年龄一般长

认识朱旭，是在他来上影拍《阙里人家》那会儿。第一次见面，我有点“受宠若惊”。这朱老师可是位德高望重、闻名遐迩的大演员呀，在北京人艺也是数得着的“当家老生”，怎么这么朴实这么平淡这么和蔼可亲，就像普通的北方大爷。我和他握手的那一瞬间他传递给我的是一位父辈长者所特有的热情、温和、亲切和实在，他的眼神中闪烁的是真诚和期待，他的话语慢条斯理，就像一位结识多年的知心朋友在掏心窝子。我被他感染，彼此间的距离一下子缩短了。那时，他和普通演员一样住在宛平剧场边上的一家条件简陋的招待所里。平心说，像他这么一位老演员，演的又是戏份儿挺重的主角，完全有理由有资格住得更好些。可是，他没有这样的要求，至少他没有开这个口。我第一次去他住处时，曾以一种自责的心理委婉地表达了这层意思。他听了，摆摆手，连说了几个“挺好，挺好”。还言真意切地告诉我：“不就是睡个觉吗？讲究个啥。再说这里离上影这么近，多方便！”我相信他的话是由衷的，绝不是台词。不摆谱，不搭架子，不倚老卖老，这是他和他这一代演员共有的品行。

和朱旭老师接触多了，愈发感觉到他是一位有情有趣、可爱可敬的“老爷子”。朱旭老师特爱下围棋，有一次，他突然问我：“你会下围棋吗？”我不好意思地摇了摇头，他似乎有点失望，但脸上依然堆满了笑容。事后，我了解到，下围棋是老爷子的一大爱好，而且，他的棋艺，一般人难以匹敌，据说已达到三四段的水平。老爷子不仅围棋下得好，而且还能打一手的好桥牌。《阙里人家》在全国发行时，曾相继在北京、天津等多个城市举办首映活动，一路上，打桥牌就成了朱旭和导演吴贻弓、副导演成家骥等人的主要业余活动。就凭这些爱好，你准能看到老爷子有“品”。

拉胡琴，是朱旭老师的又一爱好，他经常把胡琴带在身边，累了，乏了，就操琴自乐，一边拉一边哼，优哉游哉，修身养性。至于国粹京剧，对生活在北京的朱旭来说，也是爱之弥深，在电影界举行的一些活动中，常常能享受到他京韵浓郁、字正腔圆的表演。《阙里人家》中有一首《一条汉子硬铮铮》的主题歌，朱老师唱起来特有味特耐听。于是，在影片的首映活动中，他常常被请上台一亮歌喉。他的演唱总能赢得全场热烈的笑声和掌声。

朱旭是一位行事低调、言语舒缓、动作沉稳，不太喜欢制造动静的演员。生活中的他，无论说话做事都很有节奏，有条有理，不温不火，始终保持着一种品尝快乐、享受生活的姿态。最突出的表现就是喝酒。朱旭爱酒，但不贪杯；朱旭好饮，但不误事。演戏之暇，最惬意的事就是喝酒。老朱爱酒，更多的成分是“品”，既不要名酒佳酿，也不需鱼虾肉蛋，一碟花生，两样小炒，细斟慢酌，怡然自得。我曾经陪他喝过，一场酒喝了三四两，足足喝了四个多小时，边喝边聊，那股闲情逸趣，我只是在他身上才能感受到。提起酒，老爷子的故事一箩筐。他告诉我，他的酒龄和年龄一般长。此话何说？他娓娓道来，也算让我开了眼界。老人说，他出生在兵荒马乱、“城头变幻大王旗”的年代，父亲是东北军的军官，常年不在家，母亲年轻喜玩，因此照顾他的担子就落在了小勤务兵身上。这勤务兵自身还是个孩子，不谙世事，更不懂怎么带孩子。于是每次小朱旭吵闹总把勤务兵搞得六神无主、束手无策。万般无奈，小家伙想到酒有让人安睡的功能，一试特灵，小朱旭很快就不吵不闹、呼呼入睡了。从那以后，酒和朱旭结下了不解之缘，陪伴着他走过了人生的旅程。

朱旭是一位懂得享受生活的普通人，也是一位精通影剧表演的艺术家。舞台上、银幕上的老爷子沉稳中隐含着激情，朴实里蕴藏着张力，他塑造的角色入木三分、真实感人。他精心刻画的《阙里人家》中的孔令潭，就摘下了华表奖最佳男主角的桂冠。颁奖那天，老爷子又喜滋滋地细细品了很多酒。

2009年6月

聪明，并快乐着的牛犇

每次见到牛犇都会得到一份快乐，因为他总是咧着嘴，笑眯眯的，一开口就能送你乐子。别看他七十多岁了，可那股与生俱来的机灵劲依然闪现在他的言行举止中。如果酒桌上有他在，那准是他的市面，虽酒量不大，可能量大，言辞机警诙谐，“谈笑间推杯换盏”，最后杯底朝天的不会是他。他反应敏捷，水来土填，兵来将挡，一五一十，针尖麦芒，来得快，对得准，常常让你在笑声中心悦诚服地败下阵来。

聪敏机灵，是牛犇的特质，他就是凭着这个特质走到水银灯下，在帅哥美女扎堆的电影界闯出自己的路，打出自己的招牌。牛犇的长相，不敢恭维，既不魁梧，也不英俊，小小的个子，佝偻着腰，一副“刘罗锅”的形象。那张不太标准的脸，也属于“苦大仇深”的。但是，若论脑袋瓜子谈悟性，很少有演员能赶上他。否则，当年在北平，这位出身于穷苦人家的流浪孤儿，怎能十岁就闯进举目无亲的电影圈，和谢添那些个大明星配戏呢？

提起那段经历，牛犇忘不了恩师谢添。他常说，没有谢添老人家的关照、提携，他这模样能当演员？那是痴人说梦！他告诉我，牛犇这个艺名，也是谢添老师给取的。他原名张学景，属牛，又在谢添主演的《圣城记》中扮演了一个叫“小牛子”的角色，于是，谢添就用四头牛给他命名，叫他“牛犇”。没想到，这名字一叫牛犇还真“牛”了。1948年，白杨在香港拍摄电影《火葬》，指名道姓，要“小牛子”演她戏中的丈夫。于是，牛犇策鞭南下，开始了一段全新的生活。

牛犇确实有股牛劲，凡他演的角色，事先要反复琢磨，认真做好案头工作，依据生活精心设计，不露痕迹地将它呈现在银幕上。尽管他先后在七十多部影片中演的几乎都是配角，但人各有貌，活灵活现，不仅为影片增色不少，也让观众留下了永久的记忆。无论是《红色娘子军》《沙漠追匪记》，还是《海魂》《牧马人》，他塑造的角色可圈可点，堪称经典。这些形象为牛犇赢得很多荣誉，百花奖、金鸡奖，牛犇不止一次地涉猎过最佳男配角奖。

牛犇“牛”了，但浑身上下没有“牛气”。在大伙面前，他依然是一位憨厚朴实的普通人，还是那么爱动脑筋，爱揽活儿，爱做好事，爱开玩笑。无论是上影，还是“影协”，组织任何活动，只要邀请他，他准到，而且不迟到不早退，让干啥就干啥，挺讲人情挺遂人意。牛犇最牛的是他的手艺活，而且还是个多面手，泥工木工水暖工，他什么都会，绘画裁剪烹饪，他样样精通。在摄制组，凡一时半会儿缺点什么，坏了什么，牛犇总是责无旁贷地勇挑重担，“巧手能为无米之炊”，既省时还省钱。尤其是他别出心裁制作的一些小道具，常常起到了“画龙点睛”的作用。就冲着“心灵手巧”这点特性，摄制组都喜欢找他加盟。

牛犇引以为“牛”的另一件事是，电影制片厂涉足电视剧，他是探索者，开了历史先河。20世纪80年代中期，电视机走进了家家户户，老牛突然嗅到了什么，率先提出在上海演员剧团成立电视剧部，并且身体力行，组织剧团同人拍摄了《蛙女》电视剧，在社会上取得了不俗的凡响。后来，因为种种原因，他未能继续自己的梦想。二十多年过去了，一提起这段经历，老牛依然耿耿于怀，十分感慨，总觉得如果电视部能坚持走到今天，电影厂应该成为电视剧制作的主力军，这个事业也会得到长足发展。

我和老牛算得上是忘年交，早在二十多年前，我们就曾经为了将叶浅予先生的漫画集《王先生和小陈》搬上银幕而多次接触，谈了创作设想，写出了剧本提纲。他给我的印象除了聪敏还有踏实、热情和执着。那次合作最后未能如愿，给我们留下了遗憾，但彼此似乎都未死心。前不久，我们又谈到这个选题。他问我还想不想搞。我说想。他笑了，拍着我的肩膀说，我们再努力一把！是的，应该再努力一把，一个七十多岁的老人雄心犹在，我们还能往后退吗？

2011年7月

值得我一生回味的事

——记忆中的上海国际电影节

人的一生能做别人没有做过或者很少有人做过的活，那是值得一辈子骄傲和玩味的事。

1993年，我有幸参加了第一届上海国际电影节的筹建和举办，见证了中国没有国际电影节的历史是如何被终结的。那是一次大胆的创新，更是一次艰难的探索，因为我们没有基本的专业经验，也缺少足够的资金支撑，任务很重，人手很紧，困难很多，要求很高，我们不能有丝毫的懈怠，“必须毕其功于一役”。二十多年过去了，也许当初我们所经历的，今朝已经难以感动别人，但是在我们的心中，这些点点滴滴依然那么清晰，那么温暖，那么回味无穷。

一

第一次听说我将参与筹办上海国际电影节，负责整个电影节新闻委员会的工作，我喜忧交加，喜仅仅几分钟，稍纵即逝；可是忧却像一块膏药牢牢地贴在我的痛处。说喜，这么重的担子领导让你挑，说明你具有这方面的潜质，这种信任自然体现了自身的一种能耐和价值，难免有点沾沾自喜。但这点嘚瑟很快就被随后而来的忧挤兑得无影无踪，一想到具体工作，我就犯愁，就害怕，就有一种“猪八戒抱刺猬”的感觉，咱没干过这样的活呀。整个电影节工作班子里，除了担任组委会领导的电影局局长吴贻弓导演有过参加国际电影节的经历，绝大多数人“既没吃过猪肉也没见过猪走”，都是电影节的门外汉，懵懵懂懂啥都不明白。更让人闹心的是这新闻委员会要承担的责任太多太重，各种宣传品的设计制作、各类见面会新闻发布会的组织策划、各项宣传推广活动的落实安排，大大小小、琐琐碎碎，可以说头绪繁杂，面广量大，可我们七拼八凑也就近十个人。更棘手的是，这“国际”两个字分量忒重，“外事无小事”，让人一看就有点发怵。又要大张旗鼓、热热闹闹，还得谨小慎微、不出丁点差错，这活儿扎手。

说难真难，就说编辑电影节的会刊吧。这可是体现电影节脸面的一张重要的名片，一册在手，电影节一目了然，其内容涉及电影节的评委介绍、参赛片、参展片的介绍、主要活动的预告，等等，不能遗漏，不能有误。但是，由于上海国际电影节，刚刚步出深阁，撩开面纱，在整个国际电影界还缺少知名度，加上通信联络、交通运输不像今天这么便捷发达，因此许多我们需要的图片资料不能及时到手，即便到了，有些也缺胳膊少腿。怎么办？我们只能安排两位专门对外国电影有所研究的同志，从外文报刊上寻找替代品，硬是拼拼凑凑填补了空白。评委的邀请和落实也是件麻烦事，迟迟定不下来，但我们等不及，只能根据组委会的指示，将已经明确表示意向的评委悉数上了会刊，遗憾的是电影节开幕前夕，还是有两位评委婉拒了邀请，放了我们“鸽子”。

编会刊，材料不全，是件麻烦事，编排印刷手段落后，更令人伤脑筋。那时依然沿用照相排版技术，内容版式确定后，图片要扫描，文字需通过照相翻印在相纸上，再根据版式样稿剪贴，然后制版进入印刷。程序复杂，费时耗力，每天晚上，新落成的影城四楼大会议室里，一群人围立在会议桌旁，找的找，剪的剪，贴的贴，忙得不亦乐乎。有时，一行或一个字不见了，几个人趴在地毯上，瞪大眼睛旮旮旮旮寻个遍。幸好那时还年轻，腿脚还算灵活，换成现在，爬几次就能浑身散架。就是这样的技术水平和工作速度，有前瞻性的领导要求我们与国际接轨，电影节期间，每天出一份中英文对照、图文兼容的《每日新闻》杂志，及时报道电影节方方面面的活动和信息。这是个很大的难题，能否很好地完成，我心中无底，但领导的要求，我们不能打折，“没有干不好的事，只有想不到的事”，不能还价，没法推诿，唯有攻坚克难，知难而进。我们对版面做了精心设计，事先将每期的彩页版做好，留下十六页黑白版到电影节期间当天采访、编排、拼版、印刷。这活不重但累人，耗时耗精力。电影节期间，每天上午开编前会，明确采访目标和任务，晚上九点集中所有的文字、图片，进行筛选和修改，打印，一遍遍校正，再根据版式设计编排，通过照相制版出样，最终出大样，做最终的修改，然后签字付印。这时，基本上是“身披一道朝霞了”。尽管程序一道又一道，过程一坎又一坎，好几双眼睛吹毛求疵，反复审读，为的是不留瑕疵，不出纰漏。然而因为每天工作近二十个小时，常常通宵达旦，错误就偷偷地从疲乏中滋生了。我作为主编，每天最后一个离开印刷厂，第二天一早最先来到办公室，刚出印刷厂的《每日新闻》需经过我的检查后才能分发。我这么做为的是如果发现谬误能够及时处理，以免造成无法弥补的重大影响。没想到，难以预料的事真给我撞上了。电影节开幕后的第三天，一早，当我在办公室里打开还飘着油墨香的《每日新闻》时，仅仅扫了一眼，后脊梁就腾起一股凉气，心里暗自直叫“出大事了”。一篇采访当时国家电影局局长的文章，配发的照片竟然是一位体型面容相似的韩国导演！估计是昨夜美编由于疲劳而看走了眼。我心急如焚，但没有声张，只是关照这一期《每日新闻》不要发，马上送回印刷厂，已经发的几本也要追回来。随后，我没有惊动任何人，悄悄地找了一张局长的照片，坐上专门配给我的可以畅行无阻的新闻采访车，一路疾驶，赶到印刷厂，直奔厂长室。那位我熟悉的徐厂长，熬了一通宵，正准备离去，却被我拦在了办公室。听完我的三言两语，厂长急了，转身出门进了广播室。“上夜班的同志请注意，请大家留一留，有重要任务。”车间的喇叭里顷刻传来了厂长的声音。于是，在厂长的直接指挥下，各工种分头行动，拆的拆，重新制版的重新制版，印的印，装订的装订，足足折腾了两个多小时，总算神不知鬼不觉，在11点钟将完整的《每日新闻》送到了宾客的手中。有人问我。“今天的《每日新闻》这么晚了？”我笑笑：“还好吧，没怎么晚。”表面上很镇静，可心里说：如果按时拿到，那我就摊上大事了。

从1993年开始，我连续十三届担任《每日新闻》的主编，遇到这样“临时抱佛脚”的事还是蛮多的，由于处理及时，几乎都没有露出蛛丝马迹，但心里那份“如履薄冰”的感觉挺折磨人的。折磨的次数多了，也就有点“死猪不怕开水烫”的超脱感了。

二

电影节要扩大影响，做出品牌，记者的参与是少不了的。不过记者是“无冕之王”，难对付、难伺候，让人挠头。上海国际电影节一亮相，吸引了媒体的眼球，毕竟是划时代的里程碑嘛。尽管鉴于我们的接待能力，对记者的参与设置了一些条件，包括收取报名费、限制名额等，但趋者依然如鹜，有国内的，有国外的，一下子来了几百个，长枪短炮，个个“眼观六路，耳听八方”，削尖了脑袋“捕风捉雨”抢新闻。新闻委员会专门安排了几个同志对付记者，并再三叮嘱“对记者要厚待、宽待、善待”，还设立了记者评奖、记者沙龙，增加他们的参与感，免费为他们提供一些类似咖啡、茶水、小点心的服务。但是还是搞不定摆不平，双方经常发生摩擦，甚至冲突。而导火线恰恰都是和采访有关，尤其是一些小范围的采访，由于僧多粥少，轮不上的自然就不平，不平则鸣，就申述，就抗议。我们的工作人员就只能笑脸相迎赔不是。说心里话，这不能怪记者，人家交了钱付了费，车马劳顿，寝食不安，为的啥？不就是抓点新闻抢点镜头吗？我当过杂志主编，深谙记者的苦衷，总是想方设法满足记者的要求，尽力为他们提供方便，但有时也常常面临“巧妇难为无米之炊”的窘境。印象最深的就是好莱坞著名影星索菲亚·罗兰的光临。一方面，这么大的世界级“腕”第一次来中国，这可是特大新闻，记者谁不想见见她，采访她；另一方面，人家大牌明星绝不是谁想见就见的，她有自己的规格和要求。事先经过方方面面协商，同意安排十名左右的记者直接去机场内接机。几百个人中选十人，可谓“百里挑一”，选谁都得咬牙跺脚下狠心。权衡再三，人定了，但行动还得“悄悄地”，一切都在不动声色中进行。谁料，就在这十名记者坐车去机场后不久，我的办公室里突然闯进来一位年轻人，他一进门就扑通跪地，像捣蒜一样对着我磕头。我，丈二和尚摸不着头脑，不知发生了什么，赶紧伸手拉他起来。他不从，嘴里咕噜着："你不答应，我就不起来。"我能答应啥呢？我如堕五里雾中。我拉他，还是不起，我急了，嗓音也大了，"起来！我答应你。"话音刚落，他一骨碌爬了起来，拉着我的手一个劲地说谢谢。听口音，是海峡那边的同胞。我问，你让我答应什么。他告诉我，这次台湾来的媒体中，比较大的有两家，这两家互相间争得很厉害，这次报社对他采访上海国际电影节有极其苛刻的要求，如果那家竞争对手采访到的新闻，他没采访到，回去就自动去职，而这次安排去机场的十家媒体中就有与他们竞争的那家媒体。原来如此，没想到我们考虑到台湾地区"骨肉情"的特意安排竟卷入了一场势不两立的纷争。我明白了年轻人的意图，我决意帮他一把，免得他回去后饭碗被砸。我立马和在机场负责接待的同志通了电话，为他争取到了一个名额。他喜出望外，竟然抱着我，在我脸颊亲了一口。我愣住了，望着他跨出门外的背影沉思了好一会儿。我为新闻自由带来的残酷竞争感到不可思议，更为小伙子的敬业精神而心生敬意。幸好，在数百名记者中，像这样不顾脸面追求好新闻的还是屈指可数，大多国内媒体的记者关心的是有没有统发稿，只要拿到统发稿，任务就基本完成。因此每次写统发稿可得费点心思，尽量让那些靠统发稿交差的朋友能掌握点干货。

三

俗话说“林子大了，什么鸟儿都会有”。电影节一下子涌来上千宾客，各种色彩就五花八门了。尤其是国外来的客人，很难了解他的面貌、立场和思想。虽然都是电影人，由于社会制度和意识形态的迥异，一些初来乍到的“老外”，有的对中国不熟悉不了解，认识上有偏差；有的戴着有色眼镜，挑刺找碴，借题发挥。记得第二届电影节期间，来了一位法国导演，带来一部由阿兰·德龙主演的影片参展。他一到上海就对接待部的工作人员提出想开一次记者招待会，接待部的负责人查阅了他的有关资料，同意了，希望我安排一下。因为原计划中没有这样的安排，我对临时加这么一档节目有点异议，理由是不太清楚他的诉求，更不明白他对记者想说点什么。管接待的同志告诉我，他是法国左翼人士，是总统咨询团成员，又是哲学家、诗人、作家、电影编导。言下之意他不会撂什么“屎橛子”。于是，我们安排他与记者见面，由我主持。一开始，他讲法文，通过翻译，他告诉我们，他喜欢中国，尤其对上海这座城市特别向往，因为这里诞生了中国共产党，爆发过三次工人武装起义，等等，说他下了飞机就去瞻仰革命先烈洒过热血的南京路。我听着，心里漾起一股热乎乎的感觉，一个法国人居然这么熟悉中国历史，这么崇拜我们的先烈，确实感动了我。然而，就在我刚出现一点“相见恨晚”的感觉时，这老兄话锋一转，说出了我极不愿意听到的一席话。他说，七十年前，中国革命的仁人志士为争取民主和自由而浴血奋战，今天，魏新生——这个姓魏的名字一出现，我的神经倏然间全被吊起来了，我竖耳细听，身上渗出了冷汗。果然，这家伙是来砸场子的，公开宣扬的论调是与我们的意志相悖的。我赶紧打断了他，尽量压制自己的情绪对他说，我们这里是电影节的记者见面会，谈的应该是电影的话题，请你不要……他似乎很接翎子，旋即掉转话题，谈起了他的电影。可是，仅仅过了几分钟，从他的嘴里又冒出了那个十分敏感的名字。我二话没说，又打断了他。他又把话题转了过来，不过没说上几句，他居然操起英语，大放厥词了。这回，我可不能再彬彬有礼了。我提高嗓音，义正词严地警告他，因为你所表达的，完全违背了我主持这次见面会的宗旨，我不得不宣布会议到此结束。说完我就离场了。也许，他不太明白，他说的这些与我个人似乎没有什么关系，我干吗这么义愤填膺？他更不清楚，我们是有组织的人，很多场合是代表组织的，我得罪了他但维护了组织。还是法国大使馆的人比较了解中国国情，很快就将这位“哲学家打道回府”。

国际电影节自然要遵循国际惯例，顾及国际影响，同时也不能搁置我们的立场和原则，因此，权衡是十分重要的。我记得从第一届开始，我们的一个兄弟邻国就积极参与，而且处处要享受“兄弟的待遇”，要求我们像他们那样划分敌我，区别亲疏。这哪行啊？中国已经打开国门二十多年了，我们的朋友遍布五洲四海，更何况我们办的是国际性的大型电影活动，当然不能盲目依附他们的要求，于是他们动辄“感冒”，发点脾气，提些抗议。我们一方面据理力争，毫不妥协，一方面给他们提供一些生活上的特殊照顾，让这些刚走出缺衣少食困境的同志感受到我们兄弟般的热情，避免了很多说不清道不明的麻烦。有一天，这些兄弟拿着《每日新闻》找来了，指着其中一张美国导演、评委奥利佛·斯通和韩国电影《悲歌一曲》女主演吴贞孩的合影照片责问我，为什么登美帝国主义和韩国反动派勾结在一起的照片。我真想笑，但不便笑，只得耐着性子解释了一通，也不知道他明白不明白，反正我翻来覆去就是那么几句话。他们气咻咻地走了。为了息事宁人，不要把事情搞僵，当晚，我们准备了一桌简简单单的饭菜，把他们的肚子填饱了，气自然也就被挤走了。

四

中国人过节，少不了吃喝。作为国际电影节，来自五湖四海的宾客相逢聚首，吃一点，喝两盅，在国人的词典里，似乎是常规礼仪。但作为国际化的电影节，我们恪守的是国际制片人协会制定的规矩和规则，吃吃喝喝自然被排除在外，于是，吴贻弓等领导明确要求，无特殊情况和特别需要，各部门都不能请客吃喝。这道规矩一列，竟然引起一些费解。那些在国内很有知名度的电影人和电影界的领导风尘仆仆来到上海后，都由接待部门统一安排食宿，一日三餐，大多自助。一开始，这些平时都有专人陪吃陪喝的人心有不快，还把这些和上海的“小气”连在一块了。

后来经过解释，大家总算明白这是“国际规矩”。说国际规矩，不是瞎掰。电影节开幕后，当时专程来沪考察的国际电影制片人协会秘书长，一连几天，逢饭点，就猫在主会场上海影城三楼的“影城酒家”捕捉设宴吃喝的现象，结果令他释然。正因为上海国际电影节从起步开始，就按国际惯例“循规蹈矩”，严格要求、谨慎运作，才崭露头角，得以跻身A类国际电影节之列。

说起吃喝，自然就想到当年我们的特殊待遇。因为工作多、任务重、时间紧，我们几乎没有时间去填饱自己的肚子，靠的是赞助来的八宝粥、火腿肠、瓶装水等充饥解渴。不让肚子饿，办法多的是，可不让人在夜以继日的繁忙中没有倦意，感觉不到疲乏，除了传说中的灵丹妙药，还能找到什么呢？这天，电影节办公室主任江平给我送来一大箱当时市面上流行的保健品“活力OK”，告诉我这玩意儿是中药西制，可以提神醒脑，祛乏消累，每天坚持喝，能让你活力四射，不知疲倦。我将信将疑，先尝试着喝了几支，感觉良好，于是在得到江平的无副作用的告示后，我加大剂量，每天一早喝上十支，效果堪称神奇。一连数月，我每天加班加点连轴转，竟然不困不累，始终像个充满气的皮球，到处蹦蹦跶跶。真的该感谢这有着洋名的中成药，为我保驾护航，当一大箱“活力OK”全沉入我的皮囊后，我也顺利地度过了充满挑战和紧张感的日子，完成了组委会交办的各项任务。让我惊奇的是，在电影节结束后，几乎所有参与者都瘦了，唯独我，重了好几斤。当我把这样的收获告诉别人时，有人提醒我，“这活力OK中是否含有激素”。我不明就里。当我的体重继续飘红时，我开始意识到我被“激”中了。果然，时隔不久，这种保健品“活力”已尽，再也不能“OK”，在市场上销声匿迹了。然而我的体重却久久地沉浸在“牛市”中，至今仍保留着累累硕果。这是电影节给我的永久的馈赠。

今年，上海国际电影节将迎来二十届的生日。尽管自己已退出“江湖”，电影节与我们也“不搭界”了，但抚今思昔，心生感慨。在电影节日趋成熟、声名鹊起的今天，当初我们曾经经历的这些也许已经被时代和科技的发展淘汰了，但我们的记忆中永远储存着这些经历，那一件件一桩桩值得留恋的往事，泛着青春的光彩，熠熠生辉，令人回味无穷。

2017年2月

在上影厂的光环下

我对徐家汇有着一份难以割舍的情感记忆；这不仅因为我在这里生活工作了近四十年，更重要的是这份记忆是电影留给我的。

我们这代人真是看着上海拍摄的电影长大的，学生时代对电影充满遐想和憧憬，偶尔也会升腾起未来从事电影工作的奢望。因此当年的徐家汇吸引我或者我们的不是店铺连街的繁华，不是商贾云集的热闹，而是远离喧嚣、静静地坐落在徐家汇边缘的上海电影制片厂——那个造梦的神秘艺术殿堂。许多像我这样喜欢电影的年轻人来到徐家汇，都曾怀着一颗虔诚的心，充满好奇地在上影的大门口彷徨过，张望过，希望看到自己崇拜的明星，希望发现一些与众不同的小秘密；然而，上影呈现给我们的感觉就是一家普普通通的工厂，让人羡慕到嫉妒的是那些掏出工作证晃一下就能昂首挺胸走进去的“上影人”。

没想到，上苍特别眷顾我。1981年11月16日，在调入上影后，我也揣着工作证昂首挺胸自由地出入上影，成了别人嫉妒的对象。几年之后，我才知道，那一天竟是上影建厂32年生日，是一个值得纪念的好日子。

第一次走进上影大门，心中充满成为“上影人”的骄傲和荣耀。不过，在与心仪已久的艺术殿堂亲密接触后，并没有产生太多的惊喜和兴奋。虽然厂区很大，从漕溪北路的一号门进，到斜土路的4号门出，要走上十多分钟，但除了几棵兀立的古树之外，厂区内没有吸引我的特别的景致，跃入我眼帘的，无论是办公楼还是摄影棚和其他工作场所，大多“饱经风霜”，很苍老，很陈旧，有的甚至可以用“破败”来形容。尤其是2号门和3号门之间还夹杂着一条集聚着棚户危房的殷家角小路，贩夫走卒，人来车往，在沧桑中又糅进了嘈杂和纷乱。这般模样和格局，与我想象中的殿堂似乎是风马牛不相及。然而，在我深入摄影棚，走进创作集体办公室后，我倏然间感受到一副看似衰老的容颜肌体里，依然搏动着一颗年轻而强壮的心。拍摄现场的热火朝天和一丝不苟，讨论剧本的热烈认真和坦诚直率，不管是满头白发的老艺术家还是年富力强的青年创作者，他们的亢奋，他们的活力，都在向我诉说生命和青春的故事——我明白上影尽管是国内最老的制片厂，但她依然是制片业的龙头，依然保持着旺盛的生命力，依然源源不断地向社会输送着精品力作，因为她拥有一批富有激情和才气的人才，拥有宽松活跃的创作环境和严格完整的规章制度，拥有经历岁月锤打和困难磨砺的过硬作风，她沉淀的历史和传统在现实的土壤里不断催生新的生命，续写新的辉煌。

是的，在上影待久了，很多不起眼的建筑、器物都会让你触摸到历史和曾经有过的辉煌。五号摄影棚里安装的那台大功率的空调机，来头不小，正宗的进口货，是当年的陈毅市长亲自调拨给上影的。殷家角3号门边上那座门窗斑驳、楼梯吱吱作响的小楼，和紧挨着的那棵白玉兰树，见证了演员白杨成名的足迹。殷家角一座普通的老宅，演员赵丹曾经的家，它承载了多少生活中的酸甜苦辣——这里的一草一木，似乎都是历史的触角。至于琳琅满目的道具和服装仓库更是一部电影史，叙述着上影的昨天和今天，每一件衣服每一样道具的背后都能挖掘出精彩的故事。这一切，让我明白艺术不是满头翡翠的贵妇人，也不需要富丽堂皇的场所，艺术是社会和生活的融合，是激情和智慧的迸发，靠的是人，敬畏艺术献身艺术的人、懂得生活热爱社会的人。

我在这块蕴含着丰富文化底蕴的土地上接受濡染，经历了三十多个春秋，完成了我曾经有过的很奢侈的梦，而上影在面临风云际会的激荡，承受从垄断走向竞争的阵痛后，必须打破旧的桎梏，寻求新的出路。四年前，当建造上海电影博物馆的蓝图将在这块土地上绘制时，我突然意识到我所熟悉的一切真的要成为历史化作记忆了，依依难舍的眷恋在心头盘旋缠绕。那一天，当一位电视台的纪录片导演找我要拍摄即将消逝的老上影时，我竟然带着他们登上即将拆除的办公楼的屋顶，俯瞰厂区，指点“江山”，寻觅历史，将我所知道的那么点故事毫无保留地留在了摄像机里。

如今，电影博物馆已经开馆，徐家汇又多了一道亮丽的景观和文化地标。昔日破旧的上影已经消失了。开馆那天，我悄悄地沿着平坦如砥的小路走了一圈，深情地想嗅一嗅曾经熟悉的气味，思绪不由自主地回到了昨天。昨天已经成为记忆，我想我会用心去储存，用情去呵护。上影，永远不被尘封。因为，上影的光环依然璀璨夺目。

2013年8月

后记：我想说的心里话

我是看着上影的影片长大的，在我青春的足迹中能清晰地找到上影的投影。年轻时，懵懂的天性，躁动，狂放，不知天高地厚，是一部部上影拍摄的影片，让我沉醉其中，如轻风熏陶，似清流洗濯，那颗被安抚被滋润的心刻下了知善恶明爱憎的印记。

我是躺在上影的怀抱里成熟的，在我生命的旅程里，有三十多年被贴上了上影的标签。我在这里耕耘，洒下奋斗的汗水；我在这里收获，品尝成功的喜悦。上影默默地垂着绿荫，庇护着我，眷顾着我，为我遮风挡雨，给我甘霖雨露，赋予我的人生更宽的空间、更多的色彩。

1981年，我怀着美好的憧憬走进了上影。尽管，那时的上影环境简陋、厂房破旧，但那沉淀于这块土地中的辉煌历史和旮旮旯旯散发出的浓厚的艺术气息，依然构建着这座神圣的艺术殿堂。尤其是一大批驰骋影坛、战果累累、造诣深厚、技艺超群的老艺术家，挣脱“文革”的桎梏、重新焕发青春，更让人感受到上影的厚度和力度。我对上影的认识正是从接触这些艺术家开始的，我对艺术的敬畏也正是从这些艺术家的言行中感悟的，我对这些艺术家的敬重和爱戴渐渐衍化为上影的热爱和忠诚。

在上影，我从一个普通的文字编辑起步，一步步前行，最后坐到了上海电影集团副总裁的位置上。细想想，能有这样的进步，不是我有多大能耐，有多少才华。说句真心话，没有上影的培养，没有环境的濡染，没有前辈们的言传身带，我又能成得了什么？我只是受老艺术家的教诲和影响，做了一些该做的事。

我是幸运的。我生活在这么多德高望重的艺术家之中，他们的光环映照着我，他们的品行陶冶着我，他们的精神鼓舞着我。听着他们的声音，看到他们的身影，和他们在同一片蓝天下生活工作，那是一种多少人梦寐以求的享受啊。

我享受了。我正享受着。这一生我都会尽情地去享受。尽管他们中的许多人已经离我们而去，可是我始终感到他们还活着，活在我的心里。闲暇之时，我会想到他们，会在心中和他们交谈，他们会那么真切地站在我面前，带着笑容，默默地注视着我——倏然间，我想起了和他们相处的每一个难忘的时刻，他们的音容笑貌、他们的言行举止、他们的高风亮节——我把这一切都揽入我的笔下。于是，这些我敬重的艺术家，带着他们各自的风采神韵、气质秉性，在资深编辑龚建星的鼎力相助下，走进了《新民晚报》“夜光杯”这一著名栏目，走进了千千万万的寻常百姓家。

我不仅用笔去颂扬他们，也不忘用声音去传播他们。我常常挂在嘴边的就是这些艺术家生活中的一些普普通通的事，我想让更多的人知道中国电影曾经拥有的辉煌就是这么些可敬可亲的艺术家创造的。我的女儿——一位大学教师，也是我的忠实听众，对这些人和事熟稔于耳。突然有一天，当我俩再次聊起这一话题时，她建议我将这些散落的文章，汇总集册，出本像样的书。她说，这样更有利于保留传承，让更多的年轻人走近这些艺术家，走近这段他们比较陌生的历史。《新民晚报》的资深记者杨展业也极力鼓励我这么做，并请人从资料库里收集整理了这些文章。盛情难却，一向平淡的我终于动了出书的念头。作为电影人，我很希望这本书能由我们电影人的出版社出版，于是，我抱着试试看的心情给中国电影出版社社长宋岱先生打了个电话。没想到这位曾经担任西安电影制片厂和香港银都机构领导的电影人没打一个格楞，满口允诺，立马行动，随即委派编辑程楠等同志投入编撰工作，成全了我的愿望。他们的真诚与热情让我深受感动。我必须向他们说声谢谢！我还要向原广电总局副局长张丕民送上真诚的谢意，这位与我有着近三十年交情的电影人，以十分诚恳的语言和浓厚的情感为这本书写了序，给了我一份值得永远珍藏的礼物。

我想，这对我来说仅仅是开始，上海电影还有很多人和事等待我去书写，去感叹，去传播……

图书在版编目（CIP）数据

银幕外的声影/ 许朋乐著. —北京：中国电影出版社，2017. 12

ISBN 978-7-106-04836-5

Ⅰ. ①银… Ⅱ. ①许… Ⅲ. ①电影艺术家—生平事迹—中国—现代 Ⅳ. ①K825.78

中国版本图书馆CIP数据核字（2017）第310664号

银幕外的声影

许朋乐 著

出版发行 中国电影出版社（北京北三环东路22号）邮编100013

电话：64296664（总编室） 64216278（发行部）

64296742（读者服务部） Email:cfpygb@126. com

经　　销 新华书店

印　　刷 中国电影出版社印刷厂

版　　次 2018年1月第1版 2018年1月北京第1次印刷

规　　格 开本/880×1230毫米 1/32

印张/9.375 字数/153千字

书　　号 ISBN 978-7-106-04836-5/K・0207

定　　价 56.00元